valien
tes e
imper
fectas

Reshma Saujani

valien tes e imper fectas

teme menos, fracasa más y vive con más audacia

OCEANO

VALIENTES E IMPERFECTAS

Título original: BRAVE, NOT PERFECT.
          Fear Less, Fail More, and Live Bolder

© 2019, Reshma Saujani

Traducción: Pilar Obón

Diseño de portada: Cristóbal Henestrosa
Bordado: Erika Albarrán
Fotografía de la autora: Adrian Kinloch

D. R. © 2019, Editorial Océano de México, S.A. de C.V.
Homero 1500 - 402, Col. Polanco
Miguel Hidalgo, 11560, Ciudad de México
info@oceano.com.mx

Primera edición: 2019

ISBN: 978-607-527-868-1

Impreso en México / Printed in Mexico

A toda niña y mujer "perfecta":
ustedes son más valientes de lo que piensan

Índice

Introducción

Atreverte a lo impensable

En 2010 hice lo impensable. A los treinta y tres años, sin haber ocupado jamás un cargo público, me postulé para el Congreso de Estados Unidos.

Hasta entonces, aunque tener un cargo de elección y hacer un verdadero cambio en mi entorno habían sido mi sueño desde los trece años, me había quedado a salvo, acurrucada detrás de las bambalinas de la política. En el día trabajaba largas horas agotadoras en una importante firma de inversiones, un glamoroso empleo bien remunerado que yo odiaba, pero en el que me quedé porque era lo que yo pensaba que se suponía debía hacer. De noche, y en cualquier momento libre durante los fines de semana, trabajaba como recaudadora de fondos y organizadora; ésas eran valiosas contribuciones que dejaban una huella. Pero en mi corazón yo quería jugar a lo grande y hacer cosas grandes.

Cada día que pasaba, yo era más y más infeliz en mi trabajo, hasta que llegué a un momento de profunda desesperación, cuando supe que algo tenía que cambiar. Fue cuando escuché un rumor en la comunidad política de Nueva York de que la diputada actual de mi distrito iba a dejar una vacante después de dieciocho años para postularse para el Senado. Supe que ése era mi principio. Me reuní con algunas personas clave para preguntarles qué pensaban, y todo el mundo opinó con entusiasmo que debía intentarlo. Yo sabía cómo recaudar dinero, tenía buenas ideas políticas, buenos antecedentes; y aunque no tenía experiencia en postularme para un puesto público, el resto estaba a la vista. Por primera vez desde que podía recordar, me sentí entusiasmada. Por fin estaba dirigiéndome hacia la vida de servicio público con la que siempre había soñado, y nada podría detenerme.

Y entonces sucedió. La diputada decidió no dejar su escaño, lo que significaba que yo tendría que ser su opositora si quería obtenerlo. De pronto, toda la gente que me había apoyado y me había dicho que lo intentara estaba diciéndome: "No, no... no puedes ir contra ella". La diputada es alguien con información privilegiada, una fuerza venerable contra la cual lidiar, y todos opinaban que yo no tendría oportunidad. No sólo perdí el apoyo entusiasta de la élite femenina del partido, me dijeron directamente que no era mi turno y me exigieron que retrocediera.

Pero en ese punto, yo había avanzado demasiado como para rendirme. Aquí estaba mi sueño, a unos centímetros de mi alcance. Yo *quería* esto, tanto como para darme la vuelta y huir. Créeme, hubo muchos momentos en que me dije: *Debo estar loca.* Pero fui a buscarlo de todas formas. Yo sabía que ésa sería mi única oportunidad y que si no la tomaba, me arrepentiría por el resto de mi vida.

Para mi sorpresa y la de mucha gente, mi postulación captó mucha atención positiva. Ahí estaba yo, una joven principiante del sur de Asia que nunca había ocupado un puesto público, pero a la que la gente estaba escuchando y las donaciones a la campaña fluían. Estaba, incluso, avalada por *The New York Observer* y *Daily News.* Pasé de estar cautelosamente esperanzada a confiada en que podría ganar, después de aparecer en la portada de dos periódicos nacionales, y de que CNBC describiera mi candidatura como "una de las más candentes del país".

Pero a la hora de la verdad, resultó que a los votantes les importaba más mi falta de experiencia de lo que cualquiera hubiera pensado. No sólo perdí; fui realmente aplastada, ya que gané sólo 19 por ciento de los votos, ante 81 por ciento de mi oponente.

Lo notable de esta historia no es que yo me haya postulado para el Congreso, ni cuán imponente y espectacular fue mi derrota, ni siquiera cómo me repuse después de semejante derrota pública y humillante. Lo que hace que esta historia merezca contarse es el hecho de que cuando me postulé para un puesto público a los treinta y tres años, fue la primera vez en toda mi vida adulta que había hecho algo realmente valiente.

Si ves mi historial hasta ese momento —Escuela de Leyes de Yale, seguida por una serie de empleos prestigiosos en el mundo corporativo— probablemente pensarás que yo era una triunfadora con muchas agallas. Pero ser una triunfadora y tener agallas no son necesariamente lo mismo. Fue el impulso de cultivar el currículo perfecto el que me permitió entrar en la Escuela de Leyes de Yale después de haber sido rechazada por ellos nada menos que tres veces, no la valentía. No fue una pasión genuina por las leyes o por los grandes negocios lo que me impulsó a perseguir un empleo en una de las cinco mejores firmas de abogados y después en una de las principales compañías de administración de activos financieros; fue el deseo de complacer a mi padre inmigrante y realizar los sueños que tenía para mí. Desde la época en que era una niña pequeña, siempre había puesto mis aspiraciones en ser la mejor, y cualquier paso que daba era un esfuerzo para parecer inteligente y competente y a la vez abrirme puertas hacia otros puestos que me hicieran aparecer inteligente y competente. Tomé todas esas decisiones para construir mi "yo perfecta", porque creía que podía llevar una vida perfecta.

A pesar de cómo se veían las cosas desde afuera, ninguna de mis decisiones de vida hasta ese punto fueron realmente valientes, por una sencilla razón: no había nada en riesgo. Ésta fue la primera vez que me estaba saliendo del libreto, haciendo algo que realmente me importaba, en una forma profunda y personal. Fue la primera vez que había ido tras algo sin estar cien por ciento segura de que triunfaría, y me arriesgué a perder mucho más que sólo la elección si fracasaba. Podría perder mi dignidad, mi reputación y la confianza en mí misma. Me dolería muchísimo. ¿Podría recuperarme?

No estoy sola en eso de haber pasado mi vida adulta persiguiendo puestos o proyectos en los que sabía que sería excelente. Tantas mujeres prefieren hacer sólo las cosas en las que destacan, que rara vez van más allá de lo que las hace sentirse seguras y cómodas. Escuché esto una y otra vez de miles de mujeres que conocí en todo el país, sin importar su raza, su edad o sus circunstancias económicas. Lo escuché de una paseadora de perros de veinticuatro años con la que platiqué en Starbucks, que tenía una idea fantástica para revolucionar su negocio, pero estaba convencida de que nunca podría hacerlo, porque ella era "mala para los negocios", y de la editora de revistas de cincuenta y ocho años a cuyo lado me senté en un evento político para recaudar fondos, que me dijo que estaba agotada y que era infeliz pero que no dejaría su empleo, aunque podía permitírselo financieramente. ¿Por qué? Porque, según dijo encogiéndose de hombros, "es para lo que soy buena". Como directora general de la organización no lucrativa Girls Who Code, lo veo en mis jóvenes empleadas que no se ofrecen de voluntarias para proyectos en áreas donde no tienen experiencia previa, mientras que los hombres transitan arduamente y con rapidez a territorios desconocidos sin preocuparse por fracasar o hacer el ridículo.

Hay una razón por la cual las mujeres sentimos y actuamos de esa forma. No tiene nada que ver con la biología, y todo que ver con la manera en que hemos sido entrenadas. Cuando somos niñas, nos enseñan desde que somos muy pequeñas que debemos ir por lo seguro. A esforzarnos por sacar las mejores calificaciones para complacer a nuestros padres y maestros. A tener cuidado de no subirnos demasiado alto en los juegos del parque para no caernos y lastimarnos. A sentarnos calladitas y obedientes, a vernos bonitas, a ser agradables para que todos nos quieran. Padres y maestros bien intencionados nos guían a actividades en las que sobresalimos para que podamos brillar, y nos alejan de aquellas para las que no somos naturalmente buenas para no lastimar nuestros sentimientos ni nuestros promedios escolares. Por supuesto que las intenciones son buenas; ningún padre o madre quiere ver a su hija herida, desilusionada o desalentada. La burbuja que nos protege viene acompañada de amor y cuidados, así que nadie se da cuenta de cuánto nos aísla de correr riesgos y perseguir nuestros sueños más tarde en la vida.

Los chicos, por otra parte, reciben un mensaje muy diferente. Se les enseña a explorar, a jugar rudo, a columpiarse alto, a subirse a las barras y a caerse en el intento. Se les anima a intentar nuevas cosas, a jugar con aparatos y herramientas, y a regresar al juego si reciben un golpe. Desde edad muy temprana, los varones son criados para ser aventureros. Las investigaciones demuestran que les dan más rienda suelta para jugar por sí solos y se les anima a intentar actividades físicas más desafiantes con menos directrices y ayuda de los padres. Para cuando los niños se convierten en adolescentes que invitan a alguien a una cita, o jóvenes adultos que negocian su primer aumento, ya están bien habituados a correr riesgo tras riesgo y permanecen, en su mayoría, imperturbables ante el fracaso. A diferencia de las niñas, son recompensados con aprobación y elogios por arriesgarse, aun si las cosas no salen bien.

En otras palabras, a los niños se les enseña a ser *valientes*, mientras que a las niñas se les enseña a ser *perfectas*.

Recompensadas por la perfección desde que somos jóvenes, crecemos para convertirnos en mujeres aterradas por fracasar. No tomamos riesgos en nuestra vida personal y profesional porque tenemos miedo de ser juzgadas, avergonzadas, desacreditadas, excluidas o despedidas si lo hacemos mal. Nos contenemos, en forma consciente o inconsciente, de tratar de hacer cualquier cosa en la que no estamos seguras de destacar, para evitar un posible dolor y humillación. No tomamos ningún papel ni empresa a menos que estemos seguras de que podemos satisfacer o exceder nuestras expectativas.

Por otra parte, los hombres saltarán en aguas desconocidas sin titubeos ni recelos sobre lo que podría ocurrir si no tienen éxito. Un buen ejemplo: el ahora famoso reporte corporativo que descubrió que los hombres solicitan un empleo cuando sólo cumplen con 60 por ciento de los requisitos, pero las mujeres sólo aplican si cumplen con el 100 por ciento de esos mismos requisitos.

Queremos ser perfectas, incluso antes de intentarlo.

La necesidad de ser perfectas nos reprime de muchas maneras. No nos defendemos, cuando muy en el fondo sabemos que deberíamos hacerlo, porque no queremos ser vistas como agresivas, malas o directamente desagradables. Cuando llegamos a levantar la voz, nos atormentamos y pensamos demasiado en cómo expresarnos, tratando de acertar justo en la nota correcta de asertividad sin vernos demasiado "mandonas" o agresivas. Analizamos, consideramos, discutimos y sopesamos obsesivamente cada ángulo antes de tomar una decisión, no importa cuán pequeña sea. Y si, que el cielo no lo permita, cometemos un error, sentimos que todo nuestro mundo se derrumba a nuestro alrededor.

Y sin embargo, cuando nos reprimimos por miedo a no ser lo bastante buenas, o por temor a ser rechazadas, pisoteamos nuestros sueños y hacemos más estrecho nuestro mundo, junto con nuestras oportunidades de ser felices. ¿Cuántas ofertas o experiencias hemos dejado pasar porque teníamos miedo? ¿Cuántas ideas brillantes hemos callado, o cuántas metas personales hemos abandonado porque nos dio miedo no hacerlo bien? ¿Cuántas veces hemos rechazado un puesto de liderazgo diciendo "simplemente no sirvo para esto"? Creo que esta mentalidad de "perfección o morir" tiene un importante papel en el por qué las mujeres están subrepresentadas en las juntas ejecutivas, en los consejos administrativos, en el Congreso, y casi en todas partes donde se mire.

Este impulso de ser perfectas también le pasa una alta factura a nuestro bienestar, porque nos dormimos rumiando el menor error o preocupándonos de haber ofendido a alguien por algo que dijimos o hicimos. Al estar entrenadas para ser útiles y complacientes a toda costa, nos desgarramos tratando de hacerlo todo y terminamos exhaustas, acabadas, incluso enfermas porque les damos demasiada energía y demasiado tiempo a los demás.

Nuestra autoestima sufre cuando nos quedamos calladas en momentos en que sabemos que deberíamos hablar, o cuando decimos que sí cuando en realidad queremos decir que no, por miedo a no ser apreciadas. Nuestras relaciones y nuestros corazones sufren cuando nos ponemos el barniz brillante de la perfección; la capa protectora puede evitar que los demás vean nuestras faltas y vulnerabilidades, pero también nos aísla de aquellos a quienes amamos y nos impide construir vínculos realmente significativos y auténticos.

Imagínate que vivieras sin el miedo al fracaso, sin el miedo de no cumplir las expectativas. Si no sintieras ya la necesidad de reprimir tus pensamientos y tragarte lo que realmente quieres decir, para complacer y tranquilizar a los demás. Si pudieras dejar de insultarte sin piedad por errores humanos, dejar ir la culpa y la asfixiante presión de ser perfecta, y sólo *respirar*. ¿Qué tal si, en cada decisión a la que te has enfrentado, hubieras elegido ser valiente o tomar la ruta más audaz? ¿Serías más feliz? ¿Influirías en el mundo en la forma en que has soñado? Yo creo que la respuesta a ambas preguntas es sí.

Escribí *Valientes e imperfectas* porque esa persecución de la perfección causó que me reprimiera durante mucho tiempo. A los treinta y tres años finalmente aprendí cómo ser valiente en mi vida profesional, lo que me enseñó a su vez cómo ser valiente en mi vida personal. He estado ejercitando el músculo de la valentía cada día desde entonces. No fue fácil decidir una fertilización in vitro después de tres devastadores abortos espontáneos, o lanzar una *start-up* de tecnología sin saber nada sobre programación (ni acerca de *start-ups*). Pero gracias a que hice esas cosas, soy la madre delirantemente feliz de un niño, y estoy haciendo cambios positivos en el mundo en el modo en que, en el fondo, siempre supe que podía hacerlo.

Cuando renunciamos a la punitiva necesidad de perfección —o, más bien, dejamos ir el miedo a *no* ser perfectas—, encontramos la libertad, la alegría y todas las otras cosas buenas que queremos en la vida. Es momento de dejar de rendirnos antes de intentarlo. Porque cuando nos vencemos ante cualquier cosa que sea desafiante, o que no se nos da naturalmente, quedamos atrapadas en un estado de insatisfacción e inercia que aplasta el alma. Permanecemos en una relación que nos hace sufrir, en el círculo social que nos deprime, en la carrera que nos hace infelices. Dejamos que nuestras buenas ideas se marchiten y mueran en la viña; o peor, sufrimos al ver que otros tienen éxito en algo que *sabemos* que debimos haber intentado. Tener miedo de intentar algo nuevo, de pedir audazmente lo que queremos, de cometer errores y, sí, tal vez de vernos un poco tontas, da como resultado mucho talento desperdiciado, ambiciones reprimidas y arrepentimiento.

Cuando nos aferramos al estándar imposible de la perfección, no existe, realmente, eso que llaman "éxito", porque nunca nada es suficiente.

¿Qué tal si sólo hubiéramos dicho *al diablo? Voy a decir lo que pienso aunque no les guste... o a ofrecerme de voluntaria para esa tarea que parece demasiado difícil... o a hacer el cambio de vida con el que secretamente he soñado sin preocuparme por el resultado.* ¿Cómo serían nuestras vidas?

Soltar el miedo de ser menos que perfecta es más fácil de lo que crees. Todo se reduce a ejercitar tu músculo de la valentía, un poco cada vez. De eso se trata este libro. Es una mirada a cómo nos programaron hace mucho tiempo para buscar la perfección y evitar el fracaso a toda costa, y cómo esa programación infantil sigue dominando nuestra vida adulta. Y lo que es más importante, es acerca de cómo reajustar esa programación. Nunca es demasiado tarde. Al dejar atrás la necesidad de ser perfectas y reprogramarnos para ser valientes, cada una de nosotras puede atreverse a su propia versión de lo impensable.

¿Por qué yo?

¿Cómo pasé de ser una candidata fallida al Congreso a una campeona de la lucha de las mujeres y la valentía? Buena pregunta.

Después de levantarme del suelo —literalmente— en las semanas que siguieron a mi aplastante derrota, miré a mi alrededor y pensé: *¿Qué sigue?* A medida que busqué en mi interior para encontrar una respuesta, pensé en cómo, mientras recorría la ciudad de arriba abajo durante mi campaña política y había visitado numerosas escuelas donde vi las clases de programación y robótica llenas de chicos, no podía dejar de pensar en los rostros *que no había visto.* ¿Dónde estaban las chicas? Comencé a tener claro que alguien debía tomar medidas para cerrar la brecha de género en el terreno de la tecnología, y hacer algo para que ésta llegara a las niñas. Supe, pronto, cuál era mi siguiente misión, y cómo podría ser útil en ese gran sueño tan acariciado. En 2012 fundé Girls Who Code (Chicas que programan) (GWC), la cual ha crecido para convertirse en un movimiento nacional en Estados Unidos, con la participación de más de nueve mil chicas en cincuenta estados.

La misión original de GWC era revertir la tendencia de que el interés de las chicas en STEM (siglas en inglés de ciencia, tecnología, ingeniería y matemáticas) declinara entre los trece y los diecisiete años, para que al llegar 2020, las mujeres estuvieran en camino de ocupar mucho más que sólo el actual tres por ciento de los 1.4 millones de empleos que estarán disponibles en campos relacionados con la computación. Pero una vez que GWC despegó, me di cuenta que estábamos haciendo mucho más que encaminar a estas chicas hacia el futuro éxito en sus trabajos. Al enseñarles a programar, también les estábamos enseñando a ser valientes.

Verás, la programación es un interminable proceso de prueba y error, y a veces un simple punto y coma hace toda la diferencia entre el éxito y el fracaso. Los códigos se rompen y fallan, y a menudo toma muchos, muchos intentos antes de experimentar ese momento mágico en el que lo que estás buscando cobra vida. Llegar ahí requiere perseverancia y sentirte cómoda con la imperfección.

En febrero de 2016, di una plática TED (siglas de Tecnología, Educación y Diseño) basándome en lo que había observado de primera mano acerca de las chicas, la perfección y la valentía. La plática significaba un grito unificado para cambiar la forma en que estábamos socializando con nuestras niñas. Y motivar a las mujeres a soltar nuestros instintos perfeccionistas y de complacer a la gente y reivindicar nuestra voz, nuestro valor y nuestro poder.

La plática tocó una profunda fibra sensible que me tomó por sorpresa. Yo sabía que el tema tenía un hondo significado para mí, pero resultó que también resonó en miles de niñas y mujeres en todo el país. En pocos días comenzaron a fluir los correos electrónicos. Algunas mujeres compartieron cómo se habían reconocido a sí mismas en el mensaje. "Estuve llorando desde que escuché tu plática", dijo una. "Me di cuenta de cuánto me hago esto a mí misma", dijo otra. Escuché a incontables mujeres que compartieron cómo habían dejado pasar oportunidades porque tenían miedo de parecer tontas, o de fracasar, de no estar a la altura de los imposibles estándares que se habían impuesto a sí mismas.

Algunos de los correos me hicieron llorar, sobre todo al leer cómo las niñas y las mujeres se sentían tiranizadas por el perfeccionismo: "Cuando cometo un error o decepciono a alguien, me lo reprocho por días", dijo una mujer. "Es en lo único en que puedo pensar." Otra escribió: "Todos piensan que yo soy una persona que tiene todo bajo control... si supieran cuánto me esfuerzo para que me vean de esa forma, y el miedo que tengo de que alguien realmente conozca cuán desastrosa soy."

Otros me causaron un orgullo indescriptible. Una estudiante de segundo año de universidad me escribió para contarme cómo después de muchos años de llorar de frustración por las tareas e incapaz de pedir ayuda por miedo a que la vieran como una tonta, finalmente soltó su necesidad de ser perfecta. "Fue increíblemente empoderador", escribió. "Puedo hacer preguntas. ¿Qué importa si una persona ignorante piensa que soy tonta porque necesito que me aclaren algo? Estoy aquí por mí misma y por mi educación."

Supe de la preocupación de padres de niñas de preescolar porque sus hijitas de cinco años estaban híper preocupadas por hacer todo exactamente "bien", y de maestras que querían que yo estuviera al tanto de que habían enviado correos electrónicos o boletines a los padres implorándoles que vieran mi plática con sus familias.

El mensaje de "valientes e imperfectas" siguió difundiéndose a través de los blogueros y las redes sociales, y de entrevistas en grandes agencias de noticias. A la hora de escribir este libro, la plática TED ha sido vista casi cuatro millones de veces. Tuve el privilegio de hablar en la Cumbre de las Mujeres más Poderosas de *Fortune,* y con la entonces primera dama Michelle Obama, en la Cumbre de los Estados Unidos de las Mujeres en Washington, D.C.

Todo ha sido muy excitante y gratificante, pero para mí lo más grandioso ha sido ver, de primera mano, cómo el mensaje de "valientes e imperfectas" está provocando cambios personales significativos. Cada semana viajo al menos a una o dos ciudades para hablar en convenciones, escuelas y corporaciones; y adondequiera que voy me siento abrumada y emocionada de ver cómo mi plática ha inspirado a niñas y mujeres a intentar algo nuevo o intimidante, aun si se sentían aterrorizadas. A poder hacer preguntas o aventurar una respuesta, aun si se preocupaban por parecer tontas o mucho menos que pulidas. Dejar la carrera "segura" por la que siempre soñaron que tendrían. Dar ese salto a lo desconocido, aun si sabían que podrían tropezar y caer —y confiar en que el mundo no llegaría a su fin si lo hacían.

Escribí este libro porque creo que cada una de nosotras puede aprender a ser lo bastante valiente como para lograr nuestros más grandes sueños. No importa si ese sueño es ser multimillonarias o escalar el Everest, o sólo vivir sin el miedo a ser juzgadas pendiendo sobre nuestras cabezas todo el tiempo, todo comienza a ser posible cuando superamos nuestra programación de convertirnos en niñas perfectas y nos reentrenamos para ser valientes.

Basta de callar o reprimirnos, o enseñar a nuestras hijas a hacer lo mismo. Es momento de frenar en seco este paradigma. Y sólo en caso de que estés pensando que la valentía es un lujo reservado para el uno por ciento, déjame asegurarte esto: he hablado con mujeres de muy diversas procedencias y circunstancias económicas, y éste es un problema que nos afecta a todas. Mi meta es crear un movimiento femenino de grandes alcances, que inspire a *todas* las mujeres a aceptar la imperfección, para construir una vida y un mundo mejores. Basta de dejar pasar las oportunidades, de ocultar nuestro brillo, de diferir nuestros sueños. Es momento de dejar de perseguir la perfección y comenzar a ir en pos de la valentía.

Anaïs Nin escribió: "La vida se contrae o se expande en proporción a nuestra propia valentía". Si esto es cierto —y yo creo que lo es— entonces la valentía es la clave para vivir la existencia más grande que podamos crear para nosotras mismas. Escribo este libro porque creo que cada mujer merece su oportunidad de liberarse de las garras de "perfección o morir", y vivir feliz, empoderada, al perseguir los sueños que está destinada a tener.

PARTE 1

Cómo se entrena
a las niñas
para la perfección

1. Azúcar, especias y todo lo lindo

A sus dieciséis años, Erica es una estrella brillante. Hija de dos destacados profesores, es la vicepresidenta de su clase, con un promedio impecable. Su expediente está salpicado de elogios de sus maestros acerca de su diligencia y de la alegría que es tenerla en clase. Es voluntaria dos veces al mes en un hospital local. Al final del segundo año de secundaria, sus compañeros la nombraron "La mejor sonrisa" y sus amigos te dirán que es la persona más dulce que conocen.

Sin embargo, detrás de esa brillante sonrisa, las cosas no son tan lindas. Si abres el diario de Erica, leerás que se siente como si estuviera en un trabajo de tiempo completo para ser perfecta, para hacer feliz a todos los demás. Te enterarás de que trabaja hasta fatigarse todas las noches y todo el fin de semana para sacar las calificaciones perfectas y complacer a sus padres y maestros; decepcionarlos es lo peor que puede imaginar. Una vez, debido a un error accidental en su agenda, tuvo que retirarse de una competencia de debates en la escuela porque entraba en conflicto con un viaje al que se había comprometido con su iglesia; se puso tan histérica al pensar que su maestra la "odiaría", que literalmente se enfermó.

Erica detesta ser voluntaria en el hospital (ni le preguntes acerca de vaciar las bacinicas...), pero permanece ahí porque su consejera escolar le dijo que se vería bien en su solicitud para la universidad. Aun cuando estaba desesperada por entrar al equipo de porristas porque le parecía divertido, no lo hizo porque sus amigas le dijeron que las rutinas eran realmente difíciles, y que lo último que ella querría era hacer el ridículo. A decir verdad, a ella ni siquiera le cae bien la mayoría de sus amigas, que pueden ser malintencionadas, pero simplemente acepta lo que dicen y hacen porque imaginarse en llevarles la contraria es aterrador.

Como muchas chicas, Erica está programada para complacer a los demás, para ir a lo seguro, para evitar a toda costa cualquier pequeño indicio de fracaso.

Conozco esta historia porque hoy, Erica tiene cuarenta y dos años y es una buena amiga mía. Sigue siendo súper dulce y tiene una increíble sonrisa, y continúa prisionera de su propio perfeccionismo. Es una exitosa consultora política que no tiene hijos, y trabaja hasta pasada la medianoche casi todos los días para impresionar a sus colegas y les brinda demasiado a sus clientes. Cada vez que la veo luce fabulosa, en completo control; es esa amiga que siempre dice lo correcto, siempre te envía el regalo o la nota apropiada, y siempre es puntual. Pero igual que su yo de dieciséis años, sólo en privado revela que sigue sintiéndose estrangulada por la constante necesidad de complacer a todo el mundo. Hace poco le pregunté qué haría si no le importara lo que piensan los demás. De inmediato escribió una lista de metas y sueños que quisiera cumplir si tuviera las agallas de perseguirlos: desde decirle a su principal cliente que no está de acuerdo con sus estrategias hasta mudarse de la ciudad y ser madre soltera.

Nuestra cultura ha moldeado generaciones de chicas perfectas como Erica que crecen para convertirse en mujeres temerosas de ser atrevidas. Temerosas de decir lo que piensan, de tomar decisiones audaces, de ser dueñas de sus logros y celebrarlos, y de vivir la vida que *ellas* quieren vivir, sin buscar constantemente la aprobación externa. En otras palabras: temerosas de ser valientes.

Desde que son bebés, las niñas asimilan cientos de micromensajes cada día, que les dicen que deben ser amables, corteses y educadas. Padres y niñeras amorosos las visten con atuendos bien combinados (con sus moños haciendo juego), y les dicen qué bonitas se ven. Se les alaba por tener promedios perfectos y ser serviciales, corteses y adaptables, y se les regaña (aunque amorosamente) por ser desordenadas, asertivas o ruidosas.

Padres y educadores bienintencionados guían a las niñas hacia actividades y empresas en las que son buenas para que puedan brillar, y las alejan de las que pueden ser frustrantes o, peor aún, en las que pueden fallar. Esto es comprensible, porque vemos a las niñas como seres frágiles y vulnerables, e instintivamente queremos protegerlas de cualquier juicio, de cualquier daño.

Por otra parte, damos a nuestros pequeños varones libertad de vagabundear, explorar, ensuciarse, caerse y, sí, fallar, todo en nombre de enseñarles a "hacerse hombres" tan pronto como sea posible. Incluso ahora, con todo y nuestro progreso social, la gente se siente un poco incómoda si un pequeño varón es demasiado vacilante, cauteloso o vulnerable —ya no digas si derrama alguna lágrima. Yo he visto esto hasta en mi propio esposo feminista y hombre del siglo XXI, que zarandea regularmente a mi hijo para "endurecerlo", y me dice que lo deje llorar cuando se la pasa gritando toda la noche. Una vez le pregunté si haría lo mismo si Shaan fuera una niña, y de inmediato respondió: "Claro que no".

Por supuesto, estas creencias no se desvanecen sólo porque crecemos. De hecho, la presión en las mujeres para que sean perfectas aumenta a medida que la vida se vuelve más complicada. Pasamos de tratar de ser estudiantes e hijas perfectas a ser profesionistas perfectas, novias perfectas, esposas perfectas y mamás perfectas, llegando a las metas a las que se supone debemos llegar y preguntándonos por qué estamos abrumadas, cansadas e infelices. Simplemente, algo *falta*. Hicimos todo bien, ¿qué fue lo que salió mal?

Cuando estás escribiendo un libro sobre las mujeres y el perfeccionismo, comienzas a verlo en todas partes. En los aeropuertos, en las cafeterías, en las convenciones, en el salón de belleza... casi en todas partes donde voy, entablo una conversación sobre el tema, e invariablemente las mujeres suspiran, elevan la mirada al techo con aire de conocimiento, asienten o se ríen al reconocerse, o se ponen tristes al compartir una historia personal. Me cuentan cómo su vida diaria está regida por un incansable impulso interno de hacerlo todo sin una falla, desde atender sus publicaciones en Instagram hasta complacer a su pareja (o luchar por encontrar la pareja "perfecta"), hasta criar niños de cinco estrellas que también sean equilibrados (y que pasan directo de un año de lactancia a comer alimentos orgánicos y elaborados en casa); desde mantenerse en forma y verse "bien para su edad" a luchar incesantemente por ser la mejor en la oficina, en su congregación, en su comunidad o en su grupo de voluntarias, en su círculo de lectura o en sus clases de zumba y de acondicionamiento físico, y en todas partes.

Tantas mujeres de todas las edades se abrieron conmigo para hablar sobre sus sueños o ambiciones de vida no cumplidos porque tienen demasiado miedo para hacer algo al respecto. Sin importar la etnia, la profesión, las circunstancias económicas o su lugar de origen, me sorprendió ver cuántas de sus experiencias eran las mismas. Sabrás de muchas de ellas a lo largo de este libro.

Pero primero quiero mostrarte la forma en que el impulso de ser perfectas se arraigó en nosotras. Lo que sigue en este capítulo es una mirada de cómo nuestro perfeccionismo echó raíces desde que éramos niñas, cómo nos moldeó como mujeres, y cómo coloreó cada decisión que tomamos en el camino. Tenemos que entender cómo llegamos aquí para que podamos encontrar la salida en una forma consciente. Éste es el punto de partida del mapa que nos sacará de una senda de arrepentimiento a una en donde podremos expresar a plenitud quiénes y qué es lo que más queremos ser.

Los orígenes del perfeccionismo

¿En qué parte del camino cambiamos nuestra confianza y valentía por aprobación y aceptación? ¿Y por qué?

La categorización de las niñas como seres tranquilos y agradables comienza casi tan pronto nacen. Nos demos cuenta o no, ponemos instintivamente ciertas expectativas en los bebés que vemos vestidos en rosa o azul: los bebés de rosa son azúcar y especias, los bebés de azul son rudos hombrecitos.[1] Pero resulta que incluso hacemos suposiciones cuando no hay otros signos distintivos de género. Un estudio mostró que cuando los bebés están vestidos con un color neutral, los adultos tienden a identificar a los que se ven inquietos o enojados como niños, y como niñas a los que se muestran tranquilos y felices. El entrenamiento comienza incluso antes de que abandonemos los pañales.

En las niñas, el impulso por ser perfectas es visible y la valentía se oculta alrededor de los ocho años —justo cuando aparece nuestra crítica interna. Ya sabes a qué me refiero: es esa vocecita quisquillosa en tu cabeza que te señala cada forma en la que no eres tan buena como los demás... que lo arruinaste... que deberías sentirte culpable o avergonzada...

que *apestas* (no sé la tuya, pero mi crítica interna a veces puede ser un poco dura).

Catherine Steiner-Adair es una reconocida psicóloga clínica, consultora escolar e investigadora adjunta en la Escuela de Medicina de Harvard. Trabaja con cientos de niñas y jóvenes mujeres en todo el país, y ha visto de primera mano cuán devastador puede ser el perfeccionismo.

Ella explica que alrededor de los ocho años, los niños de ambos sexos comienzan a ver que la habilidad y la agilidad son importantes. "Es la edad en la que las niñas comienzan a desarrollar distintos intereses, y quieren crear vínculos con otros que hacen lo que a ellas les gusta. Junto con la consciencia de las diferencias viene un sentido interno de quién y qué es mejor."

Ésa también es la edad en que los niños y niñas comienzan a ser calificados, categorizados e informados acerca de sus puntuaciones —ya sea en futbol, matemáticas o música, según explica Steiner-Adair. "Si te dicen que no eres tan buena, se necesita mucho coraje y autoestima para intentar algo. Esto prepara el escenario para saber que obtener una C significa que eres mala en eso, y no te gusta. Eso alimenta la falta de valentía."

A medida que las niñas crecen, sus radares se agudizan. Alrededor de esa edad, comienzan a captar cuando sus mamás se comparan con otras mujeres ("quisiera verme así en jeans") o cuando critican a otras niñas o mujeres ("ella *no* debería ponerse eso"). De pronto están atrapadas en esta dinámica de comparación, y es natural que dirijan su radar hacia adentro para determinar si caen en el espectro de bonita o no, inteligente o promedio, impopular o adorada.

Estos impulsos se arraigan tan profundamente en nosotras como adultas y madres que no nos damos cuenta cuán inadvertidamente los ejemplificamos para nuestras hijas. Catherine compartió una historia de su propia vida para señalar el punto. Cuando su hija estaba en tercer grado, ella y otras compañeras escucharon que una mamá le decía a otra niña: "tienes un cabello tan bonito". Algunas de las niñas frenaron en seco y fruncieron las cejas como preguntándose: *¿Y mi cabello es bonito o feo?* Y ése es el comienzo.

La todopoderosa necesidad de complacer

Como a la mayoría de las mujeres, a mí me enseñaron desde pequeña a ser servicial, obediente y atender las necesidades de otras personas, incluso a ponerlas por encima de las mías. Cuando mis padres me dijeron que no saliera con chicos hasta cumplir los dieciséis, no lo hice. Cuando me dijeron que no usara maquillaje, o no mostrara el escote, o no llegara a casa después de las diez de la noche, obedecí. Cumplí en todo momento con el comportamiento que mi familia esperaba de mí. En nuestro hogar indio, uno saludaba a los mayores tocando sus pies en señal de respeto; si llegaba a casa de la escuela con una amiga y encontraba que una tía mayor estaba ahí tomando el té, nunca hubiera soñado con faltarle el respeto a mis padres no tocándole los pies, aunque me sentía mortificada frente a mi amiga. En las cenas familiares, mi hermana y yo poníamos y limpiábamos la mesa, sin cuestionar jamás por qué nuestros primos no tenían que hacerlo. Incluso cuando hubiera preferido estar afuera jugando con mis amigas, siempre acepté cuidar a los hijos (terribles) de mi vecina. Eso simplemente era lo que hacían las niñas serviciales de mi edad.

Así comenzó mi misión vitalicia de ser la hija perfecta, la novia perfecta, la empleada perfecta, la mamá perfecta. Sé que no estoy sola en esto. Vamos de niñas-sí a mujeres-sí,

atrapadas en un ciclo interminable de tener que probar constantemente nuestra valía a los demás —y a nosotras mismas—
siendo desprendidas, adaptables y agradables.

Un gran ejemplo de cuán poderoso puede ser el impulso
de complacer a la gente viene de un experimento sobre la limonada. Sí, la limonada. ABC News, con la ayuda del psicólogo
Campbell Leaper de la Universidad de California, dio a grupos
de niños y niñas un vaso de limonada que era absolutamente
espantosa (le pusieron sal en vez de azúcar) y les preguntaron
si les había gustado. Los niños de inmediato dijeron: "Aggg...
¡esto sabe horrible!". Las niñas, sin embargo, la bebieron cortésmente, incluso a la fuerza. Sólo cuando los investigadores
presionaron y preguntaron a las niñas por qué no les habían
dicho que la limonada estaba horrible, éstas admitieron que
no querían que los investigadores se sintieran mal.

La necesidad de complacer a la gente suele mostrarse en
el esfuerzo de las niñas por dar la respuesta "correcta". Pregúntale a una niña su opinión sobre un tema, y ella hará un
cálculo rápido. ¿Debe decir lo que el maestro/padre/amiga/
niño quiere oír de ella, o debe revelar lo que realmente piensa
y cree? Y suele responder lo que ella piensa que tiene más probabilidades de asegurarse la aprobación o el afecto.

También es mucho más probable que las niñas digan que
sí a solicitudes cuando lo que realmente quieren (e incluso
deben) es decir no. Recuerda, ser adaptable es algo que se ha
cocinado en su ADN emocional. Cuando pregunto a las niñas
qué harían si una amiga les pide que le hagan un favor que
realmente no quieren o no tienen tiempo de hacer, casi todas
dicen que lo harían de todas formas. ¿Por qué? Hallie, una pecosita de catorce años, lo resumió limpiamente con un gesto
de "oye, es tan obvio": "Nadie quiere que sus amigas piensen
que eres una desgraciada. O sea, *nadie*".

La presión interna a decir que sí se hace más fuerte a medida que crecemos. Como Dina, que trabaja largas horas como abogada, pero de alguna manera aceptó —impulsada por la culpabilidad— a ser voluntaria de todo el salón de su hijo. Tantas de nosotras damos nuestro tiempo, atención, tal vez incluso dinero, a gente o a causas que no son prioritarias para nosotras porque no queremos herir los sentimientos de nadie (y más porque no queremos que piensen mal de nosotras).

Los niños y los hombres en los que se convierten, rara vez se sienten así. Janet, una gerente de cuarenta y dos años en una tienda de ropa, se encoge cada vez que lee un correo electrónico de trabajo que envía su esposo, un contratista, porque piensa que es tan directo que suena grosero. Él pide explícitamente lo que necesita y expresa su opinión, nunca suaviza sus críticas, y firma sus correos sin ninguna despedida. Nada de "que estés bien" o siquiera "gracias". Cuando una vez le sugirió que suavizara el tono de un correo a un vendedor con el que había trabajado para no enojarlo, él contestó: "Mi trabajo no es ser agradable. Mi trabajo es expresar mi opinión".

Ella, por otra parte, condimenta sus correos a su jefe y compañeros de trabajo con amigables introducciones, elogios y, ocasionalmente, una carita feliz. Lee cada correo al menos tres veces, editándolo y reeditándolo antes de oprimir "enviar". "Mi esposo piensa que soy neurótica cuando hago eso", me dijo Janet. "Yo pienso que estoy siendo meticulosa. Pero si realmente soy honesta, diría que estoy siendo cautelosa para no molestar u ofender a nadie."

Yo trabajo con una consejera ejecutiva que me dice todo el tiempo que caerle bien a la gente es algo que está sobrevalorado. No se lo dice a los híper exitosos hombres CEO a los que asesora; no tiene que hacerlo. Después de todo, los modelos de ellos son hombres como Steve Jobs y Jeff Bezos, que son famosos por no complacer a la gente, así que les importa un cuerno si le caen bien a la gente o no.

A pesar de los consejos de mi *coach*, *sí* me preocupa no caer bien. Cuando me postulé para el cargo público, especialmente en la ciudad de Nueva York, desarrollé una piel bastante gruesa respecto a la crítica pública. Pero en el nivel cotidiano, me importa si le caigo bien a mi equipo. Me importa mucho. Quiero que piensen que soy la jefa más increíble que han tenido, lo cual hace muy difícil criticarlos. Lo hago porque sé que tengo que ser la CEO, pero *aggg.* En mi vida personal, me retuerzo por dentro si tengo un desacuerdo con una amiga o si percibo que mis padres o mi esposo están molestos conmigo. Definitivamente he pasado noches enteras preocupándome por la forma en que un colega, un conocido —¡incluso un completo extraño!— pudo haber interpretado algo que dije, y he metido el freno demasiadas veces cuando realmente tendría que haber sido más dura.

Justo ayer un tipo se metió en la fila delante de mí mientras compraba un sándwich, y aunque me enojé mucho no dije una palabra porque no quise ser grosera —y se trataba de alguien a quien ni siquiera conozco y al que probablemente jamás vuelva a ver. Y también he sido culpable de decir frases amables cuando en el fondo pienso exactamente lo contrario, para no ofender (hola, limonada salada). ¿No lo hemos hecho todas?

El resultado de esta necesidad tóxica de complacer a la gente es que toda tu vida puede pasar rápidamente a tratarse acerca de lo que los demás piensan, y muy poco acerca de lo que *tú* genuinamente quieres, necesitas y crees —por no hablar de lo que mereces. Nos hemos condicionado a comprometernos y achicarnos para caerles bien a los demás. El problema es que cuando te esfuerzas tanto por caerles bien a todos, a menudo terminas no cayéndote tan bien a ti misma. Pero una vez que aprendes a ser lo bastante valiente como para dejar de preocuparte por complacer a todo el mundo y ponerte a ti en primer lugar (¡lo cual harás!) entonces te convertirás en la empoderada autora de tu propia vida.

El sexo "suave"

Una soleada mañana de sábado a finales de mayo, me senté en una banca de un parque en el centro de Manhattan mirando a mi esposo, Nihal, jugar con nuestro hijo Shaan, entonces de dieciséis meses de edad. O, más bien, veía a mi hijo saltar de las barras al colchón y de regreso mientras Nihal lo observaba desde una prudente distancia. La camisa de Shaan estaba manchada de helado de fresa y su nariz llena de mocos, pero a él no le importaba —ni tampoco a mí. Todavía inexpertos en la coordinación vertical, Shaan brincó un par de veces mientras caminaba como un pato de un extremo al otro del área de juegos; y cada vez, en vez de correr a rescatarlo, Nihal tranquilamente esperaba a que se levantara y siguiera. En un momento, lo vi presionando a Shaan, que estaba un poco asustado, para que se aventara de un tobogán. "Tú puedes hacerlo... eres un niño grande... ¡no tienes miedo!"

Cerca de ahí, algunos chicos más grandes estaban jugando a combatir usando palos como espadas y persiguiéndose. Muchos gritos felices y un mar de rodillas y codos sucios y con costras: un caso clásico de niños de primaria jugando.

Mientras tanto, en el arenero, cinco niñas que parecían tener alrededor de tres años de edad estaban jugando tranquilamente. Ahí no había camisas manchadas de helado ni

narices llenas de mocos. Vestidas con atuendos lindos y combinados, tomaban turnos paleando pilas de arena para hacer
un pastel falso, mientras sus mamás las observaban con atención a unos metros de distancia. En un lapso de diez minutos,
tres de las cinco mamás saltaron de sus bancas y entraron al
arenero: una para enderezar la diadema de su hija, y otra para
regañar a su pequeña por ser "grosera" al quitarle la pala a otra
niña. La tercera mamá corrió en ayuda de su hija después de
que el "pastel" de arena se derrumbó, y la ayudó apresurada-
mente a reconstruirlo, mientras hacía ruidos tranquilizado-
res y limpiaba las lágrimas del rostro de la niña. Cuando el
pastel quedó arreglado, la pequeña sonrió y su mamá brilló de
orgullo: "¡Ésa es mi niña feliz!".

No puedes inventar cosas así.

Casi todo lo que he leído, investigado, atestiguado y preguntado a los expertos en el tema durante el pasado año estaba representándose frente a mis ojos. Imagínate: un ejemplo
clásico de cómo los niños socializan para ser valientes y las
niñas para ser perfectas; ahí, en una pequeña área de juegos a
menos de diez minutos de mi departamento.

Al mismo tiempo que aplaudimos a nuestras niñas por
ser lindas, corteses y perfectas, también les estamos diciendo,
en una forma no muy sutil, que la valentía es dominio de los
niños. Lo que vi ese día en el área de juegos me recordó otra
escena que observé sólo unos meses antes en la clase de nata-
ción de Shaan. Los padres animaban a sus tímidos hijos a "ser
rudos" y gritaban con júbilo cuando sus varones se lanzaban a
la parte honda. Sin embargo, si una de las pequeñas en la clase
tenía miedo de saltar a la piscina, sus miedos se topaban con
arrullos suaves y reafirmantes: "Está bien, cariño... sólo toma
mi mano... no tienes que mojarte la cara". Esto no tenía sentido para mí. Quiero decir, ¿cómo puedes nadar sin mojarte?

Ésta no es sólo una observación casual de mi parte. Los estudios muestran que los padres proveen mucha más ayuda práctica y palabras de cautela a sus hijas, mientras que sus hijos reciben el ánimo y las instrucciones desde lejos y los dejan abordar por sí mismos los retos físicos. Comenzamos protegiendo físicamente a las niñas, y los mimos continúan a partir de ahí.

Muchos de estos patrones son perpetuados porque, como padres, somos castigados socialmente si los violamos. Una mujer llamada Kelly me contó una historia de una excursión en grupo a Oregon a la que asistió con su hijo y su hija, junto con otras familias. Después de tomar un paseo en bicicleta por la montaña, subieron a un risco donde las rocas crean un tobogán natural que conduce al agua. Su guía, Billy, ayudó a todos los niños a subir y les ofreció empujarlos por el tobogán. Todos los varones lo hicieron, pero la hija de Kelly, normalmente muy valiente, estaba nerviosa. En vez de animarla como había hecho con los niños —esto es, sólo dándoles un pequeño empujón— Billy la ayudó a salir del risco y amablemente le aseguró que no tenía que ir si no quería.

Mientras tanto, Kelly, sabiendo que su hija no suele tener miedo, estaba gritando desde abajo: "¡Vamos, Ellie!". Cuando le quedó claro que Billy no le iba dar un empujoncito como había hecho con los niños, ella le gritó: "¡SÓLO EMPÚJALA!". Todo el mundo a su alrededor estaba *horrorizado*. "Cada adulto de la excursión me miró de soslayo", recuerda. "Ni siquiera trataron de ocultar que me estaban juzgando por la forma en que estaba animando a alguien a empujar a mi hija para que fuera valiente. No se supone que tratemos así a nuestras hijas."

La creencia de que los niños son rudos y resilientes mientras que las niñas son vulnerables y tienen que ser protegidas es respaldada profunda y ampliamente. En 2017, la Organización Mundial de la Salud publicó un estudio revolucionario realizado en asociación con la Escuela de Salud Pública John Hopkins Bloomberg. Estos estereotipos de género demostraron ser universales y perennes en quince países: desde Estados Unidos hasta China y Nigeria; además de que los varones adoptan este mito a una edad muy temprana.

Esta mentalidad de "las niñas son más suaves" se extiende más allá del campo de juegos, a menudo directamente al salón de clases. Un problema que aparece entonces es en qué se enfocan las niñas cuando se les da una educación así. Cuando se les dice que su respuesta fue equivocada o cometieron un error, todo lo que ellas oyen es la condena, que atraviesa como una flecha en llamas hasta su corazón. Pasan llanamente de "hice esto mal" a "no sirvo para nada" a "me rindo", rara vez deteniéndose en "ah, ya sé cómo puedo hacer esto mejor la próxima vez".

Sin embargo, el problema mayor es cómo responden los adultos. Para no lastimar los delicados sentimientos de las niñas, solemos suavizar cualquier cosa que suene demasiado crítica. Más protección, más pedaleo suave, más dirigir a las niñas hacia lo que es "seguro", más alimentar la profecía autocumplida de que las niñas son vulnerables. Pero si están constantemente escudadas contra cualquier arista, ¿cómo se puede esperar que desarrollen la resiliencia para evitar desmoronarse más tarde en la vida si (mejor dicho, cuando) se enfrenten contra críticas reales o fracasos?

A los varones, por otra parte, se les ha enseñado repetidamente a recuperarse de las críticas o de la retroalimentación negativa, así que no nos refrenamos. Brad Brockmueller, uno de nuestros instructores en Girls Who Code que enseña en la Career and Technical Academy en Sioux Falls, admite que los maestros sienten que deben diseñar la retroalimentación de manera diferente para niños y niñas. "Si los niños intentan algo y les sale mal, siguen intentándolo y regresan", dice. "Con las niñas, tengo que concentrarme primero en lo que hicieron bien antes de decirles lo que no funcionó, y después darles ánimos." Recuerda una vez que puso a la clase a hacer un cableado de red, y una de las chicas se frustró porque no le salía. "Ella quería rendirse, pero para hacer que siguiera intentándolo, tuve que reforzarla en todo lo que había hecho bien y en lo cerca que estaba de lograrlo. Algunos de los niños llegaron con un cable que no estaba bien hecho y literalmente tomé las tijeras, corté un extremo y dije: 'No. No está bien. Háganlo de nuevo'. Y lo hicieron."

Brad también entrena al equipo de basquetbol femenil, experiencia que encuentra muy distinta a la de entrenar a los niños. "Con las niñas, tienes que mantenerte positivo constantemente", dice. "Si te pones negativo o crítico, ellas simplemente se cierran y no hay nada que puedas hacer para sacarlas de ahí. Si los niños pierden, es sólo un juego... se imaginan que jugarán cientos de veces en la secundaria, que superarán una derrota. Para las niñas, perder es una derrota personal. Piensan: '¿A todo esto, por qué estoy jugando basquetbol'?"

Debbie Hanney es la directora de la Lincoln Middle School, una escuela para niñas en Rhode Island. Ella ve a muchos padres desgarrados entre querer enseñar resiliencia a sus hijas y querer protegerlas del aguijón del fracaso. Describe cómo cuando una niña saca 64 en un examen, los padres de inmediato se abalanzan y se enfocan en cómo su hija puede subir esa calificación o en que vuelva a presentar el examen. "Intentamos explicarles que es parte de una transición, pero los padres están comprensiblemente nerviosos en esta época. Es difícil alentarlos a dejar que sus hijas fracasen", dice.

Esta urgencia de proteger a las niñas de la desilusión y el dolor es profunda. Y los efectos a largo plazo son aún más profundos, porque muchas de nosotras seguimos sintiéndolos como mujeres maduras. Si pensamos cuán horrorizadas estamos por la idea del fracaso, sea un rechazo serio o un pequeño error que rumiamos durante días, vemos cómo evitar la desilusión en nuestra infancia quebró nuestra resiliencia. Simplemente no tuvimos la práctica que necesitamos para adquirir la capacidad de recuperación que exige la vida. La buena noticia aquí es que nunca es demasiado tarde. Podemos desarrollar resiliencia a través de la valentía, y te enseñaré cómo hacerlo unos capítulos más adelante.

Perfección o morir

Cuando las niñas llegan a nuestro programa GWC, de inmediato vemos su miedo por no acertar desde un principio. Cada maestra en nuestro programa cuenta la misma historia.

En algún punto durante las primeras clases, una niña la llamará y le dirá que está atorada. La maestra mirará su pantalla y el editor de textos de la niña estará en blanco. Si la maestra no estuviera entrenada, pensaría que su alumna pasó los últimos veinte minutos sólo mirando la pantalla.

Pero si presiona "deshacer" algunas veces, verá que su alumna escribió un código y lo borró. La alumna lo intentó. Estuvo a punto. Pero no lo hizo exactamente bien. En vez de mostrar su progreso, prefirió no mostrar nada.

Perfección o morir.

La doctora Meredith Grossman es psicóloga en el Upper East Side de Manhattan. Con la concentración de escuelas privadas prominentes y competitivas ahí, tal vez sea la capital mundial de la alta presión escolar. La doctora trabaja con muchas niñas para ayudarlas a manejar la ansiedad, y le pedí que me contara un poco acerca de lo que ve a diario.

"Lo que es fascinante es la cantidad extrema de esfuerzo que ponen en todo, y cuánto subestiman su propio desempeño", dijo. "Trabajo con muchas niñas sumamente inteligentes, y la calidad de sus escritos es superior a la de la mayoría de los adultos. Pero constantemente escucho: 'no hay modo de que yo entregue esto'. Escriben y reescriben cinco veces. Prefieren pedir una prórroga que entregar algo que no piensan que es perfecto."

Tan pronto como un párrafo o trabajo está pulido a la perfección, pasan al siguiente. No hay descanso en el ciclo porque es raro que sus esfuerzos extremos no rindan frutos. "La perfección engendra más perfección", explicó Meredith. "Cada vez que una alumna estudia de más o reescribe algo cinco veces, y obtiene una buena calificación, se refuerza la idea de que tiene que hacerlo de nuevo para tener éxito."

Por cada niña que escribe y reescribe sus trabajos hasta que se le nubla la vista, hay una mujer que lee (y relee, y relee...) un correo electrónico, un reporte, o incluso una simple tarjeta de cumpleaños antes de enviarlos para asegurarse de que están en el tono adecuado, o se pasa semanas planeando la cena ideal o el viaje familiar para que todos sean felices, o se cambia de ropa seis veces antes de salir de casa. Nosotras revisamos, retrabajamos y refinamos para que las cosas queden perfectas, a menudo a un punto en que la obsesión o la frustración nos sacan del juego.

Sea que esté hablando en una escuela privada en la ciudad de Nueva York o en un centro comunitario en Scranton, Pensilvania, les hago a las niñas de mi audiencia la misma preguntas: "¿Cuántas de ustedes se esfuerzan por ser perfectas?".

Casi sin excepción, 99 por ciento de las manos se alzan. No con vergüenza, con sonrisas. ¡Ellas *saben* que están tratando de ser perfectas y están orgullosas de eso! Son recompensadas por ese comportamiento, así que lo ven como una virtud. Amontonamos elogios en nuestras niñas por sacar buenas calificaciones, ser bien portadas y queridas, y por ser buenas escuchando, corteses, cooperadoras, y todas las otras cualidades que les ganan estrellitas doradas en sus tarjetas de reporte. Les decimos que son listas y talentosas, lindas y populares. Ellas responden positivamente a estos mensajes y los usan como medallas de honor. ¿Puede sorprendernos que vean a la perfección como la única opción aceptable?

En el mundo de las niñas perfectas, ser juzgadas rudamente por sus pares es la máxima mortificación; muchas niñas y mujeres jóvenes me dicen que no publican fotos en las redes sociales que no se acerquen a la pose perfecta y no sean meticulosamente editadas. Toman y retoman la foto docenas de veces para asegurarse de que sea favorecedora. Una chica de diecisiete años que sufre de un caso ligero de esclerodermia, una enfermedad autoinmune que le produjo un pequeño parche endurecido en su frente, admitió que pasa hasta una hora tratando ansiosamente de tomarse la *selfie* perfecta en donde su "parche" esté cien por ciento oculto por su largo fleco. Para hacer que las cosas sean más atormentadoras, lo nuevo ahora es irse al extremo opuesto y publicar fotos "sin filtro", lo que se convierte en un nuevo nivel de presión para capturar una *selfie* que sea "perfectamente imperfecta" *sin* filtros.

Las niñas admiten libremente que temen manchar sus récords, así que no toman clases en las que no están seguras de obtener una calificación alta, sin importar cuán interesadas estén en la materia. Esto sigue a lo largo de la universidad, cuando ellas automáticamente le cierran la puerta a carreras que probablemente amarían. No es coincidencia que en la carrera de Economía, los hombres superen a las mujeres en tres a uno; una investigación realizada por Claudia Goldin, profesora de economía de Harvard, reveló que las chicas que sacan B en el curso de introducción a la economía tienen mucha mayor probabilidad de cambiar de carrera que las que obtienen A (mientras que su contrapartes masculinas se quedan ahí, al diablo las B).[2]

Parecer estúpida es una enorme preocupación. En un mundo de niñas perfectas, ser juzgada con rudeza por tus compañeras es la máxima mortificación; y ha demostrado ser una de las principales barreras que las niñas enfrentan cuando piensan en hacer algo valiente. Para Destiny, las matemáticas siempre han sido un reto. Pero los chicos en su secundaria la hacen sentir bastante peor a ese respecto. "Me tardo mucho en el pizarrón tratando de resolver un problema, y ellos dicen algo como 'Eres tan tonta', o se ríen, y yo me pongo nerviosa. Incluso no quiero cursar matemáticas nunca más. ¿Me esforcé tanto, sólo para hacerlo mal y que todavía los niños me griten?"

Sé cómo se siente. Cuando estaba en la Escuela de Leyes en Yale, recuerdo estar sentada en mi clase de derecho constitucional queriendo desesperadamente contribuir pero sintiéndome demasiado intimidada. Quiero decir, yo era una chica de Schaumburg, Illinois, y era una de las primeras en mi comunidad en asistir a una universidad de la Ivy League. Todos mis compañeros se veían tan listos e impecablemente articulados, y no quería verme estúpida en comparación. Así que escribía en mi cuaderno exactamente lo que quería decir, y luego lo reescribía tres, cuatro, doce veces. Para el momento en que reunía el coraje para alzar la mano, la clase había terminado.

Por supuesto, el miedo a no cumplir las expectativas se extiende más allá del salón de clases. Amanda quería practicar lacrosse en la secundaria, pero no lo hizo porque "no es atlética". Resumió en dos oraciones una declaración familiar que he oído expresada en tantas variedades diferentes: "Sentía que si no podía hacerlo bien, no quería hacerlo en absoluto".

Es importante entender que para las niñas el fracaso se define como cualquier cosa que sea menos que la proverbial A+, la máxima calificación. Es blanco o negro: o la haces completamente, o eres un fracaso completo. Para ellas, fracasar no sólo es doloroso, es colosal, devastador, y algo a ser evitado a toda costa. Así que si no pueden sobresalir, lo rehúyen.

La mentalidad fija

Cuando Amanda declaró que no se atrevió a intentar jugar lacrosse, fue presa de un tipo de pensamiento que la psicóloga de Stanford, Carol Dweck, subrayó en su brillante libro *Mindset* (Mentalidad). En resumen, identificó dos distintos sistemas de creencias sobre la habilidad y la inteligencia.

El primero es una *mentalidad fija*. Una persona con mentalidad fija piensa que sus habilidades son innatas e inmutables. Eres lista o no lo eres, talentosa o sin talento, atlética o para nada, y no hay mucho que puedas hacer al respecto. El otro es una *mentalidad de crecimiento,* que se basa en la creencia de que las habilidades pueden desarrollarse y cultivarse a través del esfuerzo. Sin importar cuál sea el nivel natural de habilidad o talento con el que nazcas, puedes perfeccionar tus habilidades y mejorar.

Éstas son las características de una mentalidad fija:

- Urgencia por probarse a una misma una y otra vez.
- Preocupación profunda acerca de cometer errores y fracasar.
- Renuencia a exponer las deficiencias.
- Ver las imperfecciones como vergonzosas.
- La expectativa de que uno hará algo bien a la primera y si no es así, la pérdida de interés o el autorregaño por haberse esforzado.
- La tendencia a ver los fracasos como la medida de la propia valía y permitir que esos fracasos definan a la persona.
- Enfocarse solamente en los resultados. No importa lo que una logró o aprendió en el camino. No llegar a la meta significa fracasar. Y el fracaso significa que una no es lo bastante lista, talentosa o buena.

¿Te suena conocido?

Cuando le dices a una persona que tiene mentalidad fija que es lista o talentosa, graba estos mensajes en la idea de "así es como soy" en su mente. Eso suena como el desarrollo de una autoestima buena y positiva, pero el problema es que después de ser bañadas con tantas alabanzas a sus habilidades innatas, se caen en pedazos cuando tienen un revés. ¿Por qué? Porque toman cualquier fracaso, por insignificante que sea, como un signo de que quizá no son tan listas o talentosas de manera innata como pensaron.

Una mentalidad fija también evita que intentemos cualquier cosa que quede fuera de nuestra zona de confort. ¿Cuántas veces has desistido de hacer algo espontáneo y potencialmente divertido con un "no soy aventurera", o has rechazado una invitación o una oportunidad porque "yo no soy así"? Ésa es la mentalidad fija en acción.

No debe sorprendernos que las niñas sean más propensas a tener una mentalidad fija que los niños. Esto se debe en parte a que, como mostró la investigación de la doctora Dweck, los padres y maestros tienden a dar a los niños más "elogios por el proceso", lo cual significa que los recompensan por esforzarse, por intentar distintas estrategias, persistir y mejorar, en vez de por el resultado. En ausencia de este elogio por el proceso, las niñas llegan a pensar que si no logran algo a la primera, son tontas. Puedes ver cómo esto nos impacta más tarde en la vida, porque tomamos incluso los más pequeños errores diarios como indicadores de limitaciones fundamentales. Nos olvidamos de recoger los útiles escolares que nuestro hijo nos pidió = somos malas madres. Nos levantan una multa por un faro roto que hemos tenido la intención de arreglar = somos idiotas. Vemos al fracaso como la condenación definitiva de nuestra valía, en vez de vernos a nosotras mismas y a nuestras habilidades como un proyecto en desarrollo.

El mejor ejemplo que puedo dar de chicas que están atrapadas en una mentalidad fija es en relación con las materias STEM (siglas en inglés para ciencia, tecnología, ingeniería, matemáticas). Como puedes imaginar, ser la fundadora de una organización que enseña programación a las niñas, escucho mucho la cantaleta de "no sirvo para las matemáticas". Como Destiny, quien se avergonzaba cuando los chicos se burlaban de ella por tardarse tanto en el pizarrón para resolver un problema matemático, o como las niñas que borran su trabajo en las clases de programación, no es la falta de interés o capacidad en estas materias lo que las asusta, sino la percepción de que son fundamentalmente malas en eso. Después de que les han dicho en forma directa —o sutilmente, a través de los micromensajes de los cuales hablaremos en el siguiente capítulo—, que los niños son naturalmente mejores en matemáticas y en computación (no lo son), y que las niñas son innatamente más apropiadas para las humanidades (otra mentira), creen que sus habilidades en estas materias —o la falta de habilidad— están grabadas en piedra.

Por supuesto que no lo están. Carol Dweck señala que nadie nace con una mentalidad fija; de hecho, todos venimos programados con un deseo de aprender y crecer. Es sólo cuando los niños comienzan a evaluarse a sí mismos (soy listo/no listo) que le toman miedo a los retos. Por fortuna, como adultos, *podemos* deshacer esa antigua programación aplicando la práctica de la valentía en el aquí y el ahora.

Voces silenciadas

Una tarde gris de finales de enero, me senté en una mesa redonda a hablar con un grupo de niñas de secundaria de Harlem. Kim, la más obstinada del grupo, se sentó muy derecha con un porte inusual para una niña de su edad. Todos los signos externos apuntaban a una joven confiada y segura, así que me llevé una sorpresa cuando compartió con nosotras su realidad interna.

—Siento que cada vez que las chicas decimos lo que sentimos nos rechazan, porque parece que somos controladoras —dijo—. En especial si me reafirmo como una mujer negra específicamente, los chicos no lo entienden. Si un chico lo hace, es como si fuera el jefe... pero si soy yo, sólo soy una mujer negra enojada. Los chicos dicen estupideces como que a ellos sólo les gustan las chicas de piel clara... si les respondo, me dicen que a mí sólo me gusta quejarme y me hacen a un lado.

—Pero eres muy franca y abierta —comenté—. ¿Te afecta su reacción?

—Por favor… ¿crees que quiero ser menospreciada por lo que pienso todo el tiempo?

Kim se esforzaba por parecer ruda mientras hablaba, pero yo podía escuchar un ligero temblor en su voz. Su bravata no correspondía con la vulnerabilidad que se asomaba. Después de un latido y varios pestañeos, explicó que le era más fácil quedarse callada que lidiar con los chicos que trataban de humillarla.

—Todo el mundo piensa que no me importa, pero no es así —continuó—. Siento como si cualquier cosa que diga se convertirá en algo inmenso, y entonces todos se volverán en mi contra, así que no me tomo la molestia.

Las otras siete chicas de la mesa asintieron. No seas demasiado, no digas demasiado, y definitivamente no digas nada que te haga sonar enojada o controladora. Ya entendí.

Desde que las niñas son pequeñas, se les entrena para reprimir su enojo de cara a una afrenta, a diferencia de los niños, a quienes se entrena para defenderse o tomar represalias. Esto explica por qué las niñas (y las mujeres) harán casi cualquier cosa para evitar hacer olas, y por qué eligen reducir su poder personal y tragarse sus sentimientos negativos, en vez de ser vistas como pendencieras o enfrentar el horror de la confrontación. Elogiadas por un lado por sus padres y maestros por ser corteses, agradables y "bien portadas" y, por el otro, castigadas por sus pares por decir lo que piensan, la docilidad por la cual las niñas son recompensadas cuando son pequeñas se traduce directamente en un hábito vitalicio de suprimir su instinto de decir lo que sienten y tomar una postura arriesgada. Independientemente de la prepotencia y los juegos de dominio, no sorprende que los hallazgos muestren que las mujeres hablan menos de 75 por ciento del tiempo que los hombres en las reuniones de negocios.[3]

La modestia —otra preciada virtud de las niñas— también tiene su parte en mantenernos calladas y sumisas. Recientemente escuché una historia acerca de una ceremonia de graduación de primaria en los suburbios de Ohio, donde un puñado de niños recibió premios por logros académicos o liderazgo. La madre de uno de esos estudiantes me describió la escena: cuando un varón obtenía un premio, se pavoneaba por el escenario. Más de uno "ejecutaba" un paso de hip-hop que muchos atletas profesionales usan en momentos de triunfo. Cuando una niña ganaba, se llevaba las manos a la cara fingiendo una mirada de escandalizada sorpresa como diciendo: *¿Quién, yo? ¿Quieren darme un premio a mí?*

¿Por qué las niñas no se pavonean también? Porque ser alguien beligerante es el primer pecado capital para las niñas, y ser vistas como presumidas viene en un cercano segundo lugar. Así que es mejor restarle importancia, poner reparos y frenarse. Añade diez, veinte, treinta años a esta historia y vemos que la modestia involucionó en una docilidad incómoda. Nos disgusta autopromover nuestros logros profesionales (posiblemente porque sabemos que otras mujeres nos juzgarán por eso, así como nosotros las juzgaríamos), sin embargo nuestros colegas masculinos los proclaman orgullosamente. Subestimamos nuestras habilidades y posponemos ir tras un empleo a menos que estemos *absolutamente* seguras de que estamos 100 por ciento calificadas, mientras que los hombres se lanzan al ataque si están 60 por ciento calificados. Subvaluamos nuestra contribución a un proyecto en equipo y le damos más crédito a nuestros compañeros, según reveló un fascinante estudio de Michelle Haynes de la Universidad de Massachusetts y Madeline Heilman de la Universidad de Nueva York.[4]

A sus treinta y ocho años, Vanessa es una exitosa dermatóloga. Es una de esas personas que irradian competencia, así

que no creerías que cayó presa de la misma inquietud sobre
publicar sus logros. Sin embargo, en una visita de rutina para
su limpieza dental, su dentista (mayor, hombre), al escuchar
cómo ella se gana la vida, de inmediato se lanzó a contar una
historia sobre su hijo, que era residente en la escuela de medicina. "Sólo me senté ahí y él seguía y seguía hablando de que
yo debería llamar a su hijo porque él probablemente me daría
buenos consejos sobre el negocio", dijo. "Yo estaba pensando:
¿Qué? No importa que yo tuviera mi propio consultorio con
tres socios, o que hubiera sido mencionada como una doctora
excelente en revistas nacionales. Seguí sentada ahí sin sentirme lo bastante valiente para decirle que probablemente era
su hijo quien tendría que hablarme *a mí* en busca de consejo."

Atrapada en el viejo dilema "entre la espada y la pared"
que dice que debemos ser asertivas y seguras si queremos sobresalir, pero sabiendo que nos desaprobarán si lo hacemos,
nos vamos con cuidado. Cuando alguien nos felicita, nos eva-
dimos humildemente. Esto es algo contra lo que en definitiva
lucho. Cada vez que alguien me presenta antes de dar un discurso, inevitablemente menciona los premios que he ganado.
Entonces subo ahí y hago una broma acerca de que mi papá
seguramente no los aprobaría. Estoy muy segura de que ningún hombre haría eso nunca.

Callada. Contenida. Modesta. Diligente. Agradable. De
fácil convivencia. Estos elogios pudieron habernos granjeado
un alto aprecio en la infancia, pero no necesariamente nos
hacen un favor como mujeres adultas.

Ahora, si eres un padre o madre que está leyendo esto y
piensa: *Arruiné por completo a mi hija*, o estás preparándote
para culpar a tus propios padres por hacer el numerito contigo, déjame detenerte en este momento. NO todas las presiones para que las niñas sean perfectas son culpa de los padres.

Es importante que entendamos cuán arraigadas están estas normas culturales, y qué difícil es que *no* sean interiorizadas. Como leerás en el siguiente capítulo, se trata cada vez más de los mensajes que las niñas reciben de la cultura en la que vivimos, y de que sus padres están atrapados con ellas en la misma red. ¡Pero no te desesperes, no todo está perdido para ti o para tu hija! Como dice la psicóloga Meredith Grossman: "No se trata de que tus padres se hayan equivocado. Se trata de tomar consciencia de estas creencias interiorizadas y tomar decisiones diferentes".

Podemos revertir y reaprender estos hábitos —y ayudar a nuestras hijas a hacer lo mismo— con sólo un poco de práctica y consciencia. Y en la tercera parte compartiré mis mejores consejos, ideas y estrategias para hacer exactamente eso.

2. El culto a la perfección

Vivimos en la era del poder femenino. Desde los himnos apasionados de Beyoncé hasta la fuerza eléctrica de Serena Williams, a rudas heroínas literarias y cinematográficas como Katniss Everdeen y la Mujer Maravilla, nuestra cultura está en medio de una cruzada para reanimar a las niñas y decirles que pueden ser y hacerlo todo. ¡Por supuesto que queremos que nuestras niñas sepan que pueden lograr todo lo que se propongan! ¿Cierto?

Sin embargo, todos estos mensajes "positivos" tienen un lado oscuro. Mantenemos a estas mujeres más grandes que la vida como modelos con el fin de empoderarnos, pero para muchas niñas esto las aterroriza por estar acompañanada de presión agobiante de ser excelentes en todo. Podemos decir: "Puedes ser y hacer todo", pero ellas escuchan: *Tienes* que ser y hacer todo". Lo que nosotros podemos ver como inspiración, ellas lo toman como expectativa.

Mi amiga Rachel Simmons, una de las principales expertas en niñas del país, y exitosa autora de *The Curse of the Good Girl* (La maldición de la niña buena) señala esta mentalidad como un factor de la significativa crisis de salud mental que vemos hoy en las mujeres jóvenes. Los índices de depresión y ansiedad se han disparado, y ella dice que parte del problema es el conflicto de roles que las niñas viven diariamente en la actualidad. "Sólo le hemos añadido más a lo que significa ser una chica exitosa", explica. "No lo actualizamos. Si se espera que te pases seis horas estudiando en la biblioteca, ¿cómo es que también se espera que tengas un cuerpo fantástico y fabulosos planes para el fin de semana?"

Ahora ellas tienen que ser agradables, pero también implacables; corteses pero también honestas; cooperativas pero innovadoras; fuertes pero también bonitas. Todo esto además de hacerlo parecer como si no se estuvieran esforzando, ni siquiera un poco, en el contexto de una cultura que alaba la perfección sin esfuerzo.

Sophie es el ejemplo perfecto. A sus quince años, es alta y desgarbada, con una piel sin mácula y una fantástica sonrisa que revela dos hileras impecables de dientes blancos y parejos. Ella es una futbolista estelar, ha estado en el equipo de la preparatoria desde que estaba en séptimo grado, representó el papel de Bella en la producción de *La bella y la bestia* en el octavo grado, y salió elegida en el noveno grado para el consejo estudiantil —un puesto altamente competitivo y deseado en su escuela. No es de sorprender tampoco que sus calificaciones sean perfectas. Si la conoces, de inmediato te impresiona por lo segura y articulada que es. La mamá de Sophie, Dina, está orgullosa, pero también muy preocupada. Habla de que a pesar de que sus padres le ruegan para que se la lleve fácil, Sophie se presiona a sí misma incansablemente, levantándose de madrugada todas las mañanas para ejercitarse en el gimnasio antes de ir a la escuela y a menudo quedándose despierta hasta bien pasada la medianoche para terminar su tarea (mientras usa tiras blanqueadoras en los dientes y mascarillas faciales contra el acné). Para todo el mundo, parece que lo tiene todo bajo control; sólo su familia la ve llorar de frustración o de puro cansancio casi todas las noches. No hay un solo minuto en la semana o energía de Sophie que no sea consumido en practicar, estudiar, trabajar en los problemas del consejo estudiantil o perfeccionar su apariencia —todo sin mostrar nunca a nadie que no sean sus padres lo que realmente sucede en todo este paquete de estrella multilogros.

Sé audaz y sé valiente... pero asegúrate de no pisar ni ofender a nadie. Ve por lo que quieres... siempre que sea lo que esperamos de ti. Di lo que piensas... pero asegúrate de sonreír mientras lo haces. No te conformes con menos de lo que vales... pero pídelo amablemente. Trabaja duro... pero haz que se vea fácil. Este capítulo es una mirada al interior de cómo la cultura popular moldea a la Niña Perfecta, y lo que pasa cuando ella se rebela contra los mensajes confusos que obstaculizan su camino en la era del poder femenino.

Linda como mamá

Recuerda, no podemos culpar exclusivamente a los padres de crear generaciones de niñas que tienen miedo de fracasar, de decir lo que piensan, de salirse de lo establecido. Las creencias de género socialmente aceptadas con las que nosotras —y nuestros padres, y sus padres— crecimos están tan profundamente grabadas en nuestras psiques que sería extraordinario si *no* salieran a relucir en nuestra crianza. No, tenemos que cavar más hondo en la cultura en la que vivimos para encontrar dónde siguen floreciendo las expectativas de género y resembrándose en la próxima generación.

El adoctrinamiento cultural comienza temprano, con los juguetes. Los niños pueden aprender los roles de género desde los treinta meses de edad, y los juguetes y otras mercancías hacia los que son empujados desempeñan un enorme papel en esa educación. Los estudios muestran que la elección de juegos para los niños y las niñas puede tener efectos duraderos en cómo se ven a sí mismos y a sus habilidades, incluyendo en qué piensan que serán buenos profesionalmente cuando crezcan. Es casi imposible creer que los juegos de niños pueden tener ese efecto, pero lo hace. Esto va más allá de cochecitos contra muñecas o rosa contra azul. Las habilidades que esos juguetes enseñan establecen la narrativa de género para los niños de lo que "se supone" que debe gustarles y en lo que "se supone" que deben sobresalir. La mayoría de los juegos y juguetes creados para varones, como LEGO y *Minecraft*, está dirigida a desarrollar grandes habilidades motoras como correr y patear, y espaciales, que son las destrezas de visualización en 3D que según se dice predicen el desempeño de un niño en las materias STEM. Por otra parte, los juguetes para las niñas generalmente desarrollan habilidades motoras finas como escribir y hacer manualidades, desarrollo del lenguaje e interacción social. Sólo en caso de que estés pensando que nos hemos alejado de eso y hemos evolucionado, una investigación de la erudita Elizabeth Sweet en la Universidad de California en Davis muestra que la mercadotecnia de género de los juguetes es *más* pronunciada hoy en día de lo que era hace cincuenta años, cuando la discriminación de género y el sexismo se cocinaron en nuestra cultura como una tarta de manzana.[1]

No podemos hablar acerca de la influencia de los juguetes sin mencionar a las princesas. El efecto que las películas y parafernalia de princesas tiene en las niñas ha sido acaloradamente debatido en años recientes. De todas las conversaciones y artículos que existen, fue un estudio realizado en la Universidad Brigham Young el que más me resonó. La profesora Sarah M. Coyne observó a 198 preescolares y descubrió que 96 por ciento de las niñas estaban involucradas con la "cultura de las princesas" en una forma u otra.[2] No es una gran revelación, pero lo más interesante es cómo, cuando observó a este mismo grupo de preescolares un año después, descubrió que estas niñas, mientras más veían películas de princesas y se entretenían con juguetes de princesas, más exhibían un comportamiento femenino estereotípico como divertirse agradable y calladamente, evitar ensuciarse, o ser sumisas, pasivas, físicamente débiles y valorar cualidades como ser maternales, delgadas, lindas y útiles. Esto se graba en nosotras profundamente, lo sepamos o no. Un estudio relacionado mostró que las mujeres adultas que se autoidentifican como "princesas" están menos interesadas en trabajar, se rinden más fácilmente ante los retos, y dan un valor más alto a cualidades superficiales como la apariencia.

Hay un ejemplo particularmente espeluznante de los mensajes que las niñas reciben del mundo de los juguetes. En 2014, Mattel publicó un libro de Barbie llamado *I Can Be a Computer Engineer* (Yo puedo ser una ingeniera en sistemas). Suena empoderador, ¿no? Pero aguarda. Unas cuantas páginas adelante, Barbie sostiene una conversación con su hermanita, Skipper, acerca de su perrito robot. Skipper dice: "Tu perrito robot es tan dulce, ¿puedo jugar con él?". Barbie ríe y dice: "Sólo estoy creando el diseño, necesito la ayuda de Steven y Brian para convertirlo en un juego verdadero".

No, no estoy bromeando.

En pocas palabras, Barbie les dijo a las niñas: "No eres lo bastante buena ni lo bastante lista. Las computadoras son cosas de chicos, así que si vas a construir algo tecnológico, vas a necesitar que te ayuden". Déjenle a Barbie la misión de articular algunos de los peores estereotipos que las niñas y las mujeres enfrentan cuando se trata de tecnología.

El tiempo de jugar eventualmente llega a su fin, pero cuando terminamos con los juguetes, la cultura popular irrumpe para reforzar esos constructos de género. Durante la mayoría de sus horas de vigilia, las niñas son bombardeadas con imágenes y mensajes no tan sutiles acerca de lo que se espera de ellas y cómo se supone que deben comportarse. Estos mensajes están por todas partes, desde la moda, las películas hasta los titulares de los periódicos. Ven camisetas en el escaparate de Gymboree engalanadas con LINDA COMO MAMÁ O LISTO COMO PAPÁ, y a niñas adolescentes (a las que veneran) usando la popular camiseta de Forever 21 que reza SOY ALÉRGICA AL ÁLGEBRA. Ven un video viral de un director en Carolina del Sur diciéndoles a las niñas que, a menos que sean talla 0 o 2, usar leggins las hará ver gordas, y escuchan cómo la entonces candidata presidencial Hillary Clinton fue calificada de "mujer desagradable" por hablar con valentía durante un debate.

No necesito decir que los medios y la cultura pop apoyan una realidad completamente distinta para los hombres. Las imágenes que los varones ven, desde las películas de superhéroes de Marvel hasta el Silicon Valley de HBO, refuerzan los mismos mensajes que recibieron cuando eran muy pequeños: que tienen que ser atrevidos y valientes, física e intelectualmente y de cualquier otra forma. Esta parte no es noticia, pero se pone interesante cuando vemos cómo podemos trazar una línea recta desde los mensajes que los hombres asimilan acerca de la masculinidad hasta su comportamiento. En un experimento, un investigador de la Escuela de Negocios Haas de la Universidad de California en Berkeley valoró la tolerancia al riesgo de sus sujetos con una tarea de juego, e hizo que leyeran acerca de la "masculinidad". Después volvió a evaluarlos. Sólo con *leer* sobre la masculinidad, los hombres, en promedio, se volvieron sustancialmente más tolerantes a los riesgos de lo que eran antes de leer el material.

La comediante Amy Schumer destacó la flagrante diferencia entre los mensajes que reciben los niños y las niñas

cuando publicó una foto en Instagram de un puesto de periódicos mostrando las revistas *Girls' Life* y *Boys' Life,* para niñas
y niños respectivamente, una junto a la otra. La portada de la
revista de los niños decía en letras gruesas: "Explora tu futuro" y estaba cubierta de fotos de aviones, cascos de bomberos,
microscopios, computadoras y un cerebro humano. La portada de la revista para las niñas traía a una linda adolescente
rubia rodeada de frases como "¡Despierta, bonita!", "Moda de
otoño que amarás: 100+ formas de verte divina el primer día",
y "El mejor. Año. De la historia. Cómo divertirte, hacer amigos y obtener sólo A". Esto puede sonar como pintorescas frases de la década de 1950, pero no, fueron escritas con orgullo
sin pizca de ironía en 2017. El comentario de una sola palabra
de Schumer resume eficientemente el disgusto que sentí ante
estos mensajes: "No".

En mi investigación para escribir este libro, me encontré
con shortstoryguide.com, un sitio web que ayuda a maestros
y alumnos de secundaria y preparatoria a encontrar historias
organizadas por tema. Ingresé la palabra *valentía*, y de las diecisiete historias de la lista, sólo cuatro tenían protagonistas
femeninas. Una era una princesa que finge estar avergonzada
por dispararle a un león que le rugió. Otra, una aspirante a as-
trónoma, "tiene que ayudar a su familia durante una charreada,
rodeo al estilo mexicano. Queda atrapada entre sus propios
deseos y la tradición". Mientras tanto, los protagonistas masculinos en el resto de las historias se enfrentan valientemente
a pandillas y a un espía nazi, se van a cazar osos e invaden un
fuerte ruso —libres de vergüenza o de obligaciones familiares.

Un estudio realizado por el periódico *The Observer* en
conjunto con Nielsen, que evaluó cien de los libros para niños
más populares en 2017, reveló algunas tendencias casualmen-
te sexistas que se empeñaban en prevalecer en la literatura

moderna. Los personajes masculinos tienen el doble de probabilidades de obtener papeles protagónicos,[3] mientras que las mujeres actuaban de comparsa; cuando los personajes tomaban la forma de animales, de poderosos, peligrosos osos, dragones y tigres, eran casi siempre machos, mientras que los pájaros, gatos e insectos, más pequeños y vulnerables, eran hembras. Una quinta parte de estos libros no tenía ningún personaje femenino.

Los niños y las niñas se moldean a sí mismos a partir de lo que ven, incluso de lo que no ven; como dijo Marian Wright Edelman, la activista por los derechos de los niños: "No puedes ser lo que no ves". Hay un tema recurrente en las películas y en la televisión acerca del nerd que es rechazado y se convierte en Mark Zuckerberg, pero no hay una narrativa similar para las niñas. Nos preguntamos y debatimos por qué no hay más niñas interesadas en la tecnología, pero para tener una pista clave, sólo mira cómo los medios representan al "brogramador" —el chico blanco, brillante pero socialmente torpe, que lleva puesta una sudadera con capucha y está obsesionado con las computadoras—, al que las chicas ven y dicen: "Mmm, no gracias, yo no quiero ser como él".

En vez de eso, miran a las mujeres apuñalarse por la espalda y gritarse unas a otras lanzándose cosas por encima de las mesas en programas como *The Housewives of New Jersey* (sí, "Las amas de casa de New Jersey"... y de *Nueva York...* y de *Beverly Hills...* y de *Atlanta...*), y abrirse paso a arañazos y mordidas a la ceremonia final de la rosa en *The Bachelor.* Es innecesario decir que éstas no son, de hecho, las mejores modelos a seguir. Las mujeres que toman roles de poder en la pantalla suelen ser representadas como frías e implacables, como Daenerys Targaryen en *Juego de tronos* y Cheryl Blossom en *Riverdale,* o como locas inestables, como Frances McDormand como una madre doliente en *Three Billboards Outside Ebbing, Missouri* o Viola Davis como la formidable pero voluble abogada en *How to Get Away with Murder.*

Cuando se retrata a mujeres valientes, a menudo son casi caricaturescas. Por supuesto que tenemos la sorprendente película de *La Mujer Maravilla*, con una feroz y bondadosa heroína que maneja doce idiomas y literalmente no sabía de qué estaban hablando los hombres cuando le decían que no podía realizar algo, pero es una superheroína semidiosa que no es comparable en una escala humana. Lo mismo va para la protagonista Bella en las series de *Crepúsculo*; ella es una mortal dócil y necesitada durante las tres primeras partes de la historia, y obtiene una fuerza sobrenatural y gran fiereza sólo después de que se metamorfosea en un vampiro. En el *remake* de la clásica película de culto *Tomb Raider*, Alicia Vikander en su papel de Lara Croft es una joven ruda y resistente, pero a ver, ¿qué mujer de la vida real conoces que sobreviva a accidentes aéreos, se lance en paracaídas desde la cima de una catarata y se enfrente a ataques con ametralladora armada de un arco y flechas —mientras se las arregla para verse súper chic y sexy?

Es importante ver gente como uno en la pantalla; la libre, contagiosa alegría que vimos desplegarse en internet después de que Jodie Whittaker obtuvo el papel como la primera Dr. Who femenina lo deja muy en claro. Yo decidí que quería ser abogada cuando tenía trece años y vi a la actriz Kelly McGillis patear traseros, y duro, en la película *Acusados*. Ésa fue la primera vez que vi a un personaje femenino en una película enfrentarse a los peces gordos sin dar puñetazos. Cuando mi papá y yo salimos del cine, me volteé hacia él y le dije: "Papá, yo quiero ser ella". Piensa en todas las chicas jóvenes ahora que saben quién es Katherine Johnson gracias a *Hidden Figures*, y que contemplan el hecho de convertirse en científicas de la NASA como una posibilidad; éstos son modelos reales que necesitamos para nuestras niñas.

#niñaperfecta

Hoy en día, las redes sociales alimentan la expectativa de una pulida perfección, tal vez más que cualquier otra influencia. Las chicas se pasan hasta nueve horas al día revisando las interminables publicaciones de las impecables fotos y *posts* de sus amigas —todas editadas para mostrar al mundo cuán populares, despreocupadas, listas, lindas e increíbles son.

Escuchando a algunas mujeres *millennial* con las que me reuní, no pude evitar sentirme aterrada por ellas. Era sorprendente escucharlas hablar de cuán implacable y sin embargo completamente normalizada es la presión que se ejerce sobre ellas para proyectar una imagen de perfección en su vida en línea: mucho más allá de lo que pude siquiera imaginar. El fenómeno de la "marca personal" se ha convertido en una obsesión para ellas; tomar y editar la foto perfecta consume su tiempo y su esfuerzo como nada más lo hace. Una vez escuché a un grupo de amigas en sus veintitantos debatiendo sobre quién estaba más obsesionada con lograr la toma perfecta; estaban divididas entre Saha, que practica sus poses frente al espejo cada mañana para ver cuál funciona mejor con su "look" de ese día, y Layla, que rutinariamente hace que su novio se despierte con ella a la salida del sol para tomarse una foto tempranera con el fin de capturarse a sí misma con la favorecedora luz del amanecer.

Otras chicas me contaron cómo las "horribles" fotos de ellas que alguien publicó las atormentan, o cómo entraban en pánico porque tenían que documentar al extremo cada pequeña cosa que hacen para seguir siendo relevantes a los ojos de sus pares.

Quizá como una forma de preservar la esencia de su verdadero yo, literalmente se dividen a sí mismas en dos identidades: su persona en línea, pulida y cuidadosamente cultivada, y su persona real. Muchas tienen cuentas distintas de Instagram o de Snapchat, y es únicamente en sus cuentas privadas, accesibles sólo a sus amigas más cercanas, donde publican fotos de sí mismas en sudadera, comparten un tonto video aprendiendo a bailar con el hula hoop (que es una cosa), o publican un mensaje expresando su dolor cuando una relación termina.

Ellas saben que esta separación de identidades no es saludable, pero se sienten impotentes para hacer algo al respecto. Positivas y lindas: eso es lo que se espera de ellas, y si no lo cumplen, significa un boleto de ida a la ciudad de los enjuiciamientos. Anna, una estudiante universitaria de veinticinco años, usó la frase "vergüenza negativa" para el rechazo que obtienen si publican algo que sea demasiado crudo o real. Anna recuerda una época en la que estaba realmente deprimida después de romper con un novio; publicó algo acerca de lo mal que se sentía, y en vez de apoyarla, la gente comentó que estaba siendo "súper intensa". Borró la publicación en menos de una hora.

Para las niñas, es más seguro y fácil apegarse a las cosas que les hacen obtener más "likes", porque ésa es su moneda de cambio. Mientras más juegues según las reglas, más seguidores y "me gusta" tengas, más valiosa eres. La selección lo es todo.

Y también compararse. De acuerdo con Catherine Steiner-Adair, psicóloga y autora de *The Big Disconnect: Parenting, Childhood, and Family Connection in the Digital Age* (La gran desconexión: crianza, infancia y conexión familiar en la era digital), sólo toma nueve minutos para recorrer los perfiles y las fotos de los demás para que la ansiedad de las niñas llegue a un pico. Su FOMO —*fear of missing out*, miedo a perderse de algo— es algo muy, muy real. Cada publicación de una reunión divertida de la que no formaron parte las hace sentir aisladas y rechazadas; cada foto perfectamente pulida causa crisis de sentimientos de inadecuación. Compiten incesantemente en el juego interminable de *quién tiene más seguidores, la foto de quién obtuvo más "me gusta"*, y así sucesivamente. Oye, lo entiendo; tengo cuarenta y dos años y todavía reviso obsesivamente mis publicaciones en Instagram para ver cuántos "me gusta" tengo.

Catherine recuerda a una chica que entrevistó, que va con frecuencia de vacaciones maravillosas con su familia. Después de uno de esos viajes, regresó y le dijo a Catherine: "Estaba en estas vacaciones increíbles cuando vi adónde había ido otra chica. Comencé a pensar: ¿Somos pobres?". Al principio, Catherine pensó que la chica estaba bromeando, sin embargo, no era así. "Problemas del primer mundo, por supuesto, pero la idea de que la comparación empañara el significado y el entusiasmo de sus increíbles vacaciones familiares es terriblemente triste", comentó Catherine.

Además está ese lado realmente desagradable de todo esto, la caída que puede ir desde sentirse lastimada y avergonzada hasta un serio daño psicológico. Por desgracia, el avergonzar y acosar a la gente no es algo nuevo; incluso no es novedoso que ocurra en las redes sociales. Pero lo que *es* reciente es cuán jóvenes empiezan. En estos días, niñas de siete años ya están en Instagram, Facebook y Snapchat, demasiado jóvenes como para haber desarrollado estrategias para lidiar con el enjuiciamiento que encuentran ahí. La mamá de una niña de diez años me contó una historia sobre su hija, cuya primera publicación en Instagram hace dos años fue la foto de un tazón de helado de chocolate. Una niña de la escuela comentó: "Qué asco... ¿es popó?". Avergonzada, su hija no ha publicado nada desde entonces.

Otra mamá me contó —temblando en medio de sus lágrimas— que su hija de trece años está luchando contra un trastorno alimentario, que comenzó poco después de que publicó una foto de ella misma en traje de baño y una toalla; un grupo de chicos capturó la imagen y la hizo circular con el título "Cochinito con cobija". Recientemente leí sobre una horrenda locura de Snapchat en la que chicos de preparatoria competían para ver quién podía publicar el insulto más cruel acerca de la apariencia o personalidad de otro chico.

Como si las niñas no tuvieran suficiente con qué lidiar, muchas no pueden resistirse a ingresar en sitios como el de www.prettyscale.com para subir fotos de sí mismas y recibir la respuesta prometida por el provocativo eslogan del sitio: "¿Soy hermosa u horrible?" (la útil letra pequeña abajo dice: "Por favor no entres si tienes una baja autoestima o problemas de seguridad en ti misma", lo cual podría parecer que descarta a todas las chicas pre y adolescentes), o en sitios donde puedes publicar en forma anónima como ask.fm, Kik y Voxer. No es de sorprender que los sitios anónimos sean tierra fértil para el cruel ciberacoso que se ha asociado a trágicos suicidios, como el de Rebecca Ann Sedwick, de doce años, que se quitó la vida ante la arremetida constante de un grupo de acosadores de preparatoria. Esto te rompe el corazón. Si alguna vez hubo una razón para que aprendiéramos a ser valientes es para que podamos enseñarle a la nueva generación cómo tomar decisiones que la empoderen de cara a mensajes y retos como éstos.

Cambiar el código

Viendo todo lo anterior, comenzamos a darnos cuenta qué tan profundamente nos han programado a las mujeres adultas a ir a lo seguro y a colorear dentro de las líneas de la perfección, y lo que eso nos cuesta. Es como si un código hubiera sido programado dentro de nosotras, a lo largo de muchos años de entrenamiento para ser niñas perfectas. Pero tómalo de alguien que de hecho sabe una o dos cosas acerca de la programación: todos los códigos pueden ser revisados y reescritos, incluyendo los que dictan si eliges la senda de la perfección, o la senda de la valentía.

3. Perfección 3.0: cuando la niña perfecta crece

"Si la vida fuera una larga estancia en la universidad, las chicas gobernarían el mundo."

Esta famosa cita de Carol Dweck nos concierne a todas las que fuimos preparadas para ser chicas perfectas. Por supuesto, tiene razón: en la escuela, la búsqueda de la perfección puede habernos servido, pero en el mundo real no hay calificaciones perfectas. Inevitablemente, crecemos y descubrimos con gran rapidez que las reglas han cambiado; de pronto, todo lo que nos han enseñado nos estalla en la cara. Los mismos comportamientos que solían rendir frutos —como ser atentas, corteses y agradables— de improviso terminan costándonos mucho, literal y figurativamente.

Ser lindas y buenas no nos ayuda a conseguir ascensos o estar en puestos de poder —y por supuesto que no nos sube el sueldo. Ser demasiado adaptables nos arroja a situaciones y relaciones en las que no necesariamente queremos estar. Cuidar nuestros modales y quedarnos calladas nos deja sintiendo náuseas al saber que no le dijimos al tío Joe que se callara cuando contó uno de sus acostumbrados chistes racistas, o no protestamos cuando un colega se llevó el crédito por una idea que era nuestra. Ser dulces y ultrameticulosas puede hacer que ganemos estrellitas doradas en el salón de clase, pero para cuando llegamos al mundo real, esas estrellitas no nos caen precisamente del cielo.

Una vez conocí a una mujer en una convención en California que me preguntó: "¿Cómo no esforzarme por ser perfecta, si el mundo premia la perfección?". Mi respuesta fue que quizá la secundaria o la universidad premian la perfección, pero que es diferente en el mundo real. El mundo real premia la valentía.

La búsqueda de la perfección puede ponernos en un camino que parece seguro, pero es la valentía la que nos permite apartarnos de ese camino de "se supone que" y nos pone en el que realmente queríamos seguir. La perfección puede ganarnos puntos por popularidad en la oficina, pero es la valentía la que nos permite decir lo que pensamos y adoptar una postura cuando nos enfrentamos con posiciones sexistas o acoso en el sitio de trabajo. Tener un alto promedio académico, un impecable atuendo para la entrevista y una encantadora sonrisa pueden abrirnos la puerta, pero necesitamos de la valentía para hacer que reconozcan nuestro trabajo y avanzar más allá de la entrada. Tener el cabello perfecto o el cuerpo perfecto puede conseguirnos una cita, pero se requiere valentía para enamorarse, y para volver a hacer todo de nuevo después de que nos rompen el corazón. Tratar de ser la mamá perfecta podrá ganarnos la aprobación tácita de otras mamás en el área de juegos, pero se necesita valentía para dar a nuestros hijos la libertad de explorar y equivocarse, aun cuando estemos desesperadas por envolverlos con una burbuja y protegerlos para siempre. La perfección puede parecer lo correcto para algunos momentos fugaces, pero la valentía nos impulsa a través de los tiempos difíciles y las pérdidas profundas que parecen insuperables. Al ser valientes e imperfectas creamos y llevamos vidas que no sólo *se ven* bien, sino que son auténticas, alegres, desordenadas y completamente nuestras.

¿Cómo llegué aquí?

"Hasta que llegué casi a los treinta años, no supe que tenía opciones en la vida", me dijo Ruth. Ella y yo nos conocimos en el salón de belleza y tuvimos una de esas conversaciones inusualmente íntimas que a veces se entablan con un completo desconocido. De joven, Ruth recibió el mensaje de que un camino apropiado para ella era convertirse en maestra, casarse, tener hijos y después quedarse en casa para criarlos. Ni siquiera se le ocurrió que tuviera otras opciones, esto es, hasta que cumplió veintiocho años y una amiga suya se unió al Cuerpo de Paz y se mudó a Sudamérica. "De pronto pensé, espera... ¡¿quieres decir que yo también puedo hacerlo?!" A sus sesenta y dos años, Ruth dice que a veces se pregunta qué giros podría haber tomado su vida si hubiera mirado hacia dentro y se hubiera preguntado a sí misma qué quería en realidad.

Todas las lecciones que aprendemos cuando somos pequeñas tienen consecuencias reales en nuestras decisiones de vida. Muchas de nosotras hemos sido entrenadas para complacer a los demás —primero y sobre todo a nuestros padres— y así seguimos el camino "esperado" sin cuestionar si es genuino para nosotras. Para algunas, como Ruth, fue casarse y tener bebés; para otras, es trabajar incansablemente para salir adelante. Veo mucho esto en mujeres jóvenes criadas por padres inmigrantes, como Yara, cuyo papá creció en un diminuto pueblo de Holanda, con una de esas camas que se ocultan en la pared. "Cuando él mudó a su familia aquí, no había discusión —ninguna— de que yo debía tener éxito en todo", dijo. "Es para eso para lo que vinimos aquí."

Julianne es una asiático-estadunidense de primera generación. A sus treinta y un años, la desaprobación de su familia por las decisiones que ella ha tomado en su vida todavía le duele. Sus padres querían que se convirtiera en doctora, pero llegó a un cierto punto en sus estudios cuando se dio cuenta de que no quería pasar su vida de esa manera, así que se salió de medicina y eligió algo que realmente le gusta. En el fondo de su mente, todavía se pregunta si es un fracaso. "Cada vez que tenemos una reunión familiar", me contó, "hay un trasfondo pasivo-agresivo de '¿Por qué elegiste eso... no podrías haber recorrido el otro camino'?"

Como hija de padres inmigrantes de la India, me identifico totalmente. Yo pensé que si hacía todo perfecto, sacaba calificaciones perfectas, era la número uno en mi equipo de debates y me graduaba con honores en la universidad, todos los sacrificios que mis padres habían hecho como refugiados habrían valido la pena. Así, aunque secretamente soñaba con el servicio público, entré a trabajar en una prestigiosa firma de abogados, sabiendo que eso me ganaría el aprecio y la aprobación de mi padre. Yo odiaba mi trabajo, pero nunca lo demostré. Avancé y me cambié a un trabajo bien remunerado en una firma financiera aunque, para mí, hacer dinero era sólo un medio para lograr un fin (por ejemplo, pagar mis préstamos estudiantiles y después hacer algo de valor en mi comunidad). Sin embargo tome decisión tras decisión como ésta, ascendiendo escalón tras escalón en las escaleras corporativas y sintiéndome más miserable cada día. Pasé todas mis horas libres de voluntaria en campañas políticas y retribuyendo de alguna manera a la sociedad, pero mi empleo en la financiera estaba totalmente desconectado de eso. Para cuando llegué a mis treinta, cada mañana despertaba encogida en posición fetal, alimentando el enfermizo descubrimiento de que mis logros profesionales eran vacuos. En el papel, podrías haber pensado que tenía la vida resuelta, pero en la realidad yo estaba muy, muy alejada de mi camino soñado.

Fue una época oscura en mi vida. Con el cuerpo y el alma exhaustos, a menudo regresaba a casa del trabajo, me ponía una ropa cómoda, me servía una copa de vino, sintonizaba la CNN y sólo lloraba. Me sentía tan atrapada, sin saber qué hacer a continuación, y demasiado aterrada para renunciar y liberarme de la trampa en la que había caído.

Hasta ese día en 2008 cuando todo cambió.

Lo recuerdo tan vívidamente; era uno de esos días de tremendo calor en agosto en la ciudad de Nueva York, cuando las calles están viscosas y estar parada en la plataforma del metro te hace sentir que te están rostizando. Estaba sentada en mi oficina herméticamente cerrada, con el aire acondicionado a tope, en el piso cuarenta y ocho en el corazón del centro de Manhattan, en un primoroso traje sastre azul y tacones de once centímetros que me estaban matando, tratando de controlar las lágrimas. Hasta mi capuchino vespertino sabía a miedo y arrepentimiento.

Menos de dos meses antes, había ido a Washington, D.C., para ofrecerle mi apoyo a mi mentora Hillary Clinton cuando dio su discurso de cesión de la nominación demócrata al senador Barack Obama. Yo había trabajado tanto como voluntaria en su campaña y, como tantos otros, me sentía descorazonada y desalentada. Mientras oía su discurso, con las lágrimas rodando por mi rostro, un mensaje en particular me sacudió: que sólo porque ella había fallado no significaba que el resto de nosotros debíamos rendirnos y abandonar nuestras metas y sueños. Sentí que ella me hablaba directamente a mí.

En ese ardiente día de agosto, estaba reproduciendo el discurso de Hillary en mi cabeza —como lo había hecho tantas veces en las siguientes semanas desde entonces— cuando mi teléfono sonó. Era Deepa, una de mis mejores amigas de la Escuela de Leyes. Ella me conoció cuando yo todavía era una universitaria de ojos brillantes que creía que podía hacer y ser cualquier cosa (una vez me encontró parada en su balcón practicando mi discurso de aceptación de la presidencia). ¡Nunca me dio tanto gusto ver un nombre iluminarse en mi teléfono! Rápidamente crucé la sombría, callada oficina hacia una sala de juntas sin ventanas en la parte trasera, cerré las persianas enrollables, aventé mis tacones miserables y tomé la llamada. En el instante en que escuché la voz de Deepa, el torrente de lágrimas se desató. Debí haber sonado como loca, llorando e hipeando mientras le contaba que ya no podía soportar este empleo corporativo... que me sentía tan vacía... que mi vida no tenía sentido. Ella me escuchó con paciencia hasta que terminé, hizo una pausa y entonces dijo, simple y suavemente: "Sólo renuncia". Tal vez fue la inspiración del ejemplo de fortaleza y resiliencia de Hillary, o escuchar a mi mejor amiga darme permiso de hacer algo que me aterraba, pero por primera vez desde que podía recordar, sentí un destello de esperanza.

Poco después de eso, reuní el valor de decirle a mi padre que quería renunciar a mi trabajo y postularme para un puesto público. Me preocupaba que dijera que no debía hacerlo, lo que hubiera acicateado mi miedo a su desaprobación y me hubiera hecho descartar la idea por entero. Cuando marqué el teléfono para decirle, estaba tan nerviosa que me temblaban las manos; *realmente* quería esto y no quería que nada opacara mi entusiasmo. ¿Sabes lo que dijo? "¡Ya era hora!" Nunca me sentí más orgullosa de ser la hija de mi padre que ese día —y nunca he querido patearme más fuerte a mí misma por no haber acudido a él antes. En el largo plazo, terminé haciendo que su "sueño americano" se volviera realidad al perseguir mi propio sueño.

He conocido a tantas niñas y mujeres que han cometido los mismos errores que yo en una edad temprana. Como

Melissa, una licenciada en historia del arte que dejó que su sueño de ser una artista se evaporara cuando se casó a los veintidós años con su agradable (pero aburrido) novio judío ante el no tan sutil apremio de sus religiosamente conservadores padres. Casi en piloto automático, se mudó a una hermosa casa y construyó una vida social que era una minirréplica de la de ellos, incluyendo unirse a su sinagoga. Por un par de años, representó alegremente el papel de amable anfitriona y esposa de los suburbios, antes de que el sentimiento de *¿Esto es todo?* comenzara a aparecer en su interior. A los veinticinco años, se despertó una mañana, miró sus inmaculadamente fabricados vida y hogar, y pensó, *Diablos, no. Aquí no termina mi historia.* Para su vigésimo sexto cumpleaños, Melissa estaba soltera, trabajando con un salario bajísimo como recepcionista en una galería de arte y viviendo en un pequeño departamento en un edificio sin ascensor en Brooklyn. ¿Su vida era perfecta? No. Pero nunca había sido tan feliz, porque abandonó la expectativa de lo que *tenía* que ser.

Los mitos de la perfección

Algo interesante pasó cuando comencé a hablar con las mujeres acerca de la perfección. Empezaba preguntándoles lo que yo creía que era una pregunta suave para abrir la conversación: "¿Crees que necesitas ser perfecta?". Asumí que la respuesta obvia sería que sí, pero casi todas ellas dijeron justo lo contrario. Comencé a preguntarme si había entendido todo mal.

Entonces me di cuenta de que estaban respondiendo a partir del mismo estilo de pensamiento que yo estaba tratando de desarmar. Me estaban dando la que asumían que era la respuesta *correcta* —la respuesta perfecta—, la respuesta que decía que *por supuesto* ellas sabían que la búsqueda de la perfección era una desmoralizante pérdida de tiempo y energía. Y, sin embargo, todas las historias que yo escuchaba contaban algo muy distinto.

Así que desde entonces, cuando hablaba con un grupo de mujeres, cambiaba la pregunta. En vez de una interrogante binaria de sí o no, les pedía que se calificaran en una escala del uno al diez, donde diez era que sentían un fuerte impulso de hacer todo perfecto en su vida. Justo como sospeché, una vez que eliminé la sugerencia de una respuesta "correcta", comenzó a emerger una imagen diferente; la respuesta promedio era de entre 8 y 10. Una vez que comenzaban a abrirse las compuertas, les preguntaba si sus familias y amigos alguna vez les sugirieron que ellas estaban fijándose estándares imposibles; la respuesta solía ser que sí. Les preguntaba si creían que sin importar lo que hubieran hecho, lo habrían podido hacer mejor. Ésa se llevó un sí casi unánime.

Después de hablar con cientos de mujeres, desde adolescentes hasta adultas mayores, de todos los antecedentes y caminos de la vida, he aprendido que el perfeccionismo no es simple ni unidimensional. Es un nudo complejo de creencias, expectativas y miedos que han persistido toda la vida. Nuestra actitud al respecto es confusa e inconsistente; lo cultivamos y lo alimentamos, pero quisiéramos con toda el alma sacudírnoslo. Puede ser un implacable capataz, detractor y crítico, todos en uno. Nos saluda cada mañana cuando nos miramos al espejo, y nos mantiene despiertas, dándole vueltas y rumiando nuestros errores, hasta muy tarde en la noche.

A veces el perfeccionismo nos dice que las otras personas no nos aceptarán, ni nos valorarán, ni nos amarán a menos que seamos perfectas (lo que los psicólogos llaman el "perfeccionismo socialmente prescrito"); otras veces parece como si fuéramos nosotras mismas las que nos presionamos para alcanzar nuestros estándares imposibles ("perfeccionismo autodirigido"). Como sea, es una molesta presencia que nos susurra al oído, recordándonos constantemente todas las formas en que les hemos fallado a los demás y a nosotras mismas.

Haciendo a un lado el entrenamiento para ser las niñas perfectas, ahora somos mujeres sabias e inteligentes que sabemos que la búsqueda de la perfección es absurda. Y, sin embargo, sigue gobernando nuestras vidas. ¿Por qué? Porque sea que estemos o no conscientes de eso, todavía compramos algunos mitos obsoletos acerca de lo que la perfección hará por nosotras. Es momento de sacar a rastras todas esas mentiras tenaces y darles una patada de una vez por todas.

Mito # 1: Pulcra es igual a perfecta

Desde que somos muy pequeñas, nos enseñan que si somos pulcras por fuera, obtendremos el trabajo perfecto, el hombre perfecto, la vida perfecta. Pero pulcra no es igual a perfecta, y definitivamente no garantiza un final feliz. Créeme, yo lo sé.

El espejismo que albergamos es que si somos perfectas en cómo nos vemos, sonamos o nos comportamos, nuestro secreto —que de hecho *no* somos perfectas— estará a salvo. Si nos proyectamos como si no tuviéramos defectos, estaremos más allá de cualquier reproche: protegidas del juicio o de la crítica. Así que pulimos obsesivamente nuestra fachada para mantener cualquier inseguridad, sentimiento o defecto fuera de la vista.

Al principio de mi postulación para el Congreso, yo era una ruina. Una ruina muy preocupada. Estaba nerviosa de si realmente tenía lo que se necesitaba para ganar un escaño.

Sentía que tenía que ser una experta en todo, desde Iraq hasta los baches de la calle —¿qué tal si alguien me hacía una pregunta y yo no tenía la respuesta? Ya tenía en contra mi juventud y mi inexperiencia; ¿me verían como incompetente, como no lo bastante lista para hacer el trabajo? Podía verme fuerte y serena en la superficie, pero por dentro estaba atosigada por la ansiedad y la inseguridad.

Así que me concentré en lo único que podía controlar: mi discurso de campaña. Oh, Dios mío, estaba tan obsesionada con mi discurso de campaña. Lo escribí y lo reescribí docenas de veces y memoricé cada palabra. Vi incontables videos de grandes oradores y lo ensayé una y otra vez en mi mente mientras estaba en la cama, mientras me cepillaba los dientes, mientras caminaba al metro. Me convencí a mí misma de que si daba un discurso sin fallas, yo también me vería sin defectos y me ahorraría la ira de los críticos. Pensé que mi inmaculado discurso sería como un escudo, que me daría el control de cómo sería percibida. No es necesario decir que estaba equivocada. Quienes me odiaban encontraron mucho que odiar, desde mis palabras hasta mis zapatos. No fue sino hasta años después que aprendí que lo único que en verdad puede protegerme es mi valentía interior.

Para muchas de nosotras, nuestra apariencia es nuestra armadura. Si nuestro atuendo, maquillaje, joyería, zapatos y todo lo demás es perfecto, nos sentimos en control. Sin embargo, es una ilusión que presupone que tenemos poder sobre cómo la gente nos ve y responde ante nosotras. Una pequeña empresaria rubia me contó que hace que un profesional la peine y la maquille antes de salir en busca de inversionistas potenciales. "Es como si no pudieran fastidiarme si llevo un peinado de salón", dijo, riéndose. Pero la realidad es que nunca estamos verdaderamente en control. No de lo que la gente piensa de nosotros en privado, y definitivamente no de lo que sucede cuando nos alejamos de nuestro espejo de maquillaje o de nuestras notas, cuidadosamente diseñadas. Por supuesto que cualquiera puede fastidiarte, con o sin peinado.

No sería posible hablar de mujeres y perfeccionismo sin mencionar la forma más obvia e insidiosa en que nos torturamos a nosotras mismas: nuestros cuerpos. En promedio, una mujer pasa 127 horas al año preocupándose por su peso y por cuántas calorías consume.[1] En toda una vida, esto significa *un año completo* que regalamos a la obsesión por nuestra talla y la forma de nuestro cuerpo. Se ha estimado que entre 80 y 90 por ciento de las mujeres están descontentas con su peso. Diez millones de mujeres sólo en Estados Unidos tienen trastornos alimentarios. Todavía más alarmante, la Asociación Nacional de Trastornos Alimentarios reporta que 81 por ciento de las niñas *de diez años de edad* temen tener sobrepeso.[2]

Pocos días después de una sesión con un grupo focal que tuve en la ciudad de Nueva York, me llegó un correo electrónico de una participante llamada Marta, que se había sentado calladamente en el suelo durante toda la sesión. Pero en su correo escribió con candor acerca de cómo toda la experiencia había sido muy "meta" para ella —aquí estaba ella, en una reunión íntima para hablar de cómo el perfeccionismo nos restringe, y estaba demasiado intimidada por las mujeres exitosas que estaban sentadas en el sillón frente a ella (las llamó "las mujeres del sofá", o "the couch women", haciendo un juego de palabras entre *coach* = entrenadoras y *couch* = sillón) como para hablar. Le dije a Marta que le agradecía que me hubiera buscado, porque la historia que me compartió era una con la que muchas de nosotras nos identificábamos de una u otra manera.

Siendo muy joven, ella había interiorizado la presión para mantener un exterior perfectamente pulcro a causa de su madre, quien nunca, en los treinta y dos años que Marta había estado en este planeta, había salido a la calle sin estar completamente maquillada. Era delgada y muy bonita, y siempre se había mantenido en buena forma, y Marta me describió cómo, cuando estaba en secundaria, los chicos le decían que su mamá era "súper atractiva", lo cual le hacía sentir náuseas y como si ella nunca cumpliría las expectativas. "Yo era demasiado grande, mi pelo demasiado rizado, mi nariz demasiado ganchuda", escribió.

Estas inseguridades tan profundas la impulsaron a arreglarse la nariz cuando cumplió dieciséis años, que fue también más o menos la época en que dejó de jugar basquetbol, un deporte que ella amaba desde niña. "A los diecisiete traté de alaciarme el cabello (una sola vez) y literalmente me eché a llorar", recordó Marta. "A los dieciocho me fui a la universidad y de inmediato subí cinco kilos por comer y beber como un chico; y después subí otros cinco kilos poco después de 'someterme a una dieta' que consistía en comerme el postre *antes* de la cena. A medida que subía más y más durante el primer año, aprendí que una forma realmente fácil de olvidar que has perdido el control es embriagarte hasta desmayarte y perder todo el control. Así que hice eso por algunos años, avergonzada de mi cuerpo, sintiéndome sin esperanza."

Marta me contó que por tanto tiempo como puede recordar, la idea de esforzarse por verse "perfecta" (haciendo ejercicio, comiendo saludablemente, usando maquillaje) la hacía sentirse patética —así que simplemente dejó de hacerlo. "Sentía que si no podía ser perfecta, no tenía caso intentarlo", dijo. Añadió que con los años ha progresado mucho en términos de cómo se siente acerca de su cuerpo y su peso, pero admitió que esos mensajes de la infancia han sido difíciles de olvidar. "Aun ahora, a los treinta y dos, tengo que recordarme conscientemente a mí misma que soy más que mi cuerpo. Que si no puedo entrar en un par de jeans, todavía tengo una carrera profesional consolidada, amigos y una familia a la que amo y que me ama. Tengo que *recordarme* esas cosas. Y eso es enfermizo."

Por desgracia, las presiones para parecer inmaculada definitivamente no son producto de nuestra imaginación. Como tampoco lo es el hecho de que no es lo mismo para los hombres. Hillary Clinton comentó una vez que durante su postulación para lograr la nominación a la presidencia por su partido en 2008, Barack Obama sólo "rodaba fuera de la cama y se ponía un traje", mientras que ella se pasaba horas preparando su cabello, su maquillaje y su guardarropa antes de cada aparición. Cuando eres una mujer que estás en un escenario de ese tamaño (yo diría que en cualquier escenario, en realidad), no hay margen de error para lucir bien.

Los ejemplos son interminables. Rihanna es retratada en jeans holgados un día y un periodista de deportes dedica toda una entrada en su blog acerca de cómo ella "se ve como si estuviera usando un traje de luchador de sumo", y si ella "iba a convertir el ser gorda en la nueva tendencia de moda". (Por fortuna, la represalia fue rápida y fue despedido en el acto.) Una vez, Jennifer Aniston se atrevió a comer una hamburguesa con queso poco antes de ser fotografiada en bikini, y toda la twitteresfera zumbó especulando si ella estaba "sólo engordando" o embarazada.

Sólo para añadir un poco más de leña a la hoguera de las inseguridades, en estos días no sólo se supone que nos veamos inmaculadas, sino que también tenemos que ser delgadas y firmes, con dientes blancos como perlas, piel radiante y cabello brillante, sin que se vea que estamos intentándolo siquiera.

Parece que crecer no nos hace inmunes a la presión de la "perfección sin esfuerzo" que es como una plaga para nuestras niñas. Como señala Amanda Hess en un artículo en *The New York Times*, la sociedad ahora pone en las mujeres la carga de mirar hacia dentro para superar la crisis de la inseguridad a causa de los estereotipos de belleza, como si nosotras mismas la hubiéramos generado, y los estándares irracionales que nos arrojan desde todas direcciones no existieran. "La verdad es que las expectativas para el aspecto femenino nunca han sido más altas", escribe Hess. "Sólo que admitirlo se ha vuelto un tabú."

Aunque la mayoría de nosotras no tiene que preocuparse por que nuestra apariencia sea criticada en las páginas de *US Weekly*, todas sentimos la presión acerca del cuerpo y la belleza a nuestra manera. Lo que es importante aquí es reconocer qué tan a fondo e incorrectamente hemos ligado el tener un guardarropa fabuloso, una piel sin mácula y un trasero firme con ser perfectas —y qué falsa y fugaz es la sensación de control que eso nos da.

Una hermosa mujer llamada Evelyn me contó su historia cuando tuvo que ver a su exmarido y a su nueva (y mucho más joven) esposa en la boda de su hija. Había estado tan enredada y nerviosa por eso que se pasó tres meses antes del evento "perfeccionándose". Se puso en una dieta estricta para perder cinco kilos, se tiñó el cabello y se probó innumerables vestidos y zapatos hasta encontrar la combinación "perfecta". Cuando llegó el día de la boda, se veía espectacular —y, sin embargo, seguía sintiéndose triste, celosa y todas las otras emociones que esperaba poder mantener a raya. "No me malentiendas", dijo Evelyn. "Me sentía la chica del millón de dólares, y eso ayudaba. Pero no fue una cura milagrosa, ni de lejos."

Es obvio que no estoy sugiriendo que nos abandonemos y nos presentemos en los eventos o reuniones viéndonos como si nos importara un bledo. La apariencia importa, al menos en términos de dar una buena impresión. Pero habiendo dicho eso, hay una gran diferencia entre vernos en forma adecuada y torturarnos a nosotras mismas en un intento por vernos "perfectas". Si verte fabulosa te llena de confianza, ¡no esperes, hazlo! La belleza debe ser una alegre forma de autoexpresión, y soy la primera en admitir que un labial de color rojo encendido me hace sentir en mi punto. Es cuando comenzamos a obsesionarnos y a aferrarnos a eso como si fuera una cobija de seguridad que sabemos que hemos incursionado en territorio insano.

Mito # 2: Cuando todo sea perfecto, seré feliz

Una vez leí que la cantidad de dinero que una persona necesita para ser feliz siempre es un 10 por ciento más de lo que tiene. Eso parece una gran analogía de cómo perseguimos la elusiva zanahoria de la perfección.

El pensamiento va más o menos así: *Si me veo de la forma correcta, tengo el trabajo correcto, me consigo la pareja perfecta, todo caerá en su lugar y yo seré feliz.* Yo he sido víctima de esta lógica defectuosa. Cuando era más joven, pensaba que si me ejercitaba cinco veces a la semana para tener la "ideal" talla 2 como mi hermana, y asistía a escuelas de la Ivy League, conocería al chico perfecto que se enamoraría de mi inteligencia y me apoyaría incondicionalmente. Tendríamos tres hijos perfectos y yo llegaría a ser la presidenta de Estados Unidos. Pensaba que podía planear mi vida para que fuera exactamente como la soñaba, pero sólo si seguía el guion tan perfectamente como fuera posible. Y no estoy sola en esta percepción equivocada.

Para alcanzar nuestro ideal perfecto, damos nuestros diez mil pasos al día, nos ejercitamos siete veces a la semana, quitamos los carbohidratos de nuestras dietas. Leemos interminables artículos, blogs y libros sobre cómo avanzar en nuestra carrera, encontrar el equilibrio entre vida y trabajo, atraer a la pareja ideal. Vamos detrás del increíble empleo o rol en nuestra comunidad para los que todos piensan que seríamos perfectas. Tenemos dos punto cinco hijos, compramos la casa inmejorable, adquirimos todas las cosas correctas.

Y sin embargo, ¿somos felices?

Los números dicen que no. Según el Instituto Nacional de Salud Mental, una de cada cuatro mujeres experimentará una severa depresión en su vida. Un estudio seminal realizado en 2009 en la Universidad de Pensilvania, llamado "La paradoja de la descendente felicidad femenina" (¿qué tal como descripción?) mostró que aunque la vida de las mujeres ha mejorado en los últimos treinta y cinco años en términos de aumento de oportunidades, salarios más altos y libertad respecto al pesado trabajo doméstico gracias a los avances tecnológicos, su felicidad ha disminuido.[3] *Deberíamos* ser más felices, pero no lo somos.

Cuando perseguimos la perfección, terminamos en empleos, relaciones y situaciones de vida en los que no necesariamente queremos estar. Pensamos que marcar todas las casillas requeridas nos llevará a la felicidad y a la plenitud, pero eventualmente llegamos al final de la lista y pensamos: *Mierda... ¿por qué no soy feliz?*

Tonya es una talentosa ilustradora que gana mucho dinero con su trabajo. Por más de veintisiete años se le ha considerado una de las mejores en su negocio, con varios premios prestigiosos para demostrarlo. Su carrera le proporciona muchos elogios y admiración de los demás, por no mencionar muy buen dinero. Lo único que no le proporciona es alegría. Tonya no odia su trabajo, según es rápida en señalar. Pero tampoco es que lo ame. Perdió la chispa hace algunos años, y ahora sólo se deja llevar por la inercia. Tiene una decente cantidad de dinero ahorrado, así que ése no es un gran problema, pero cuando le pregunté por qué no dejaba su trabajo e intentaba otra cosa que la entusiasmara, sólo suspiró.

Conozco ese suspiro. Recuerdo haberlo lanzado cuando era una estrella naciente en una elegante firma de abogados y ganaba muchos elogios y un abultado cheque, pero odiaba cada segundo. He escuchado ese suspiro de muchas otras mujeres que se sienten atrapadas en papeles en donde son "exitosas". Sé que suena cómico hablar de estar atrapada en algo en lo que nos destacamos. Problemas del primer mundo, ¿correcto? Pero todos los problemas exigen que desarrollemos nuestra valentía si es que queremos resolverlos alguna vez.

Uno de los sellos distintivos de la felicidad es tener vínculos cercanos y fuertes con los demás. Pero mantener una fachada de tener todo bajo control nos mantiene aisladas, porque evita que forjemos relaciones reales, profundas y honestas en las que podemos ser nosotras mismas y sentirnos aceptadas exactamente como somos.

No es que haya nada objetivamente mal con nuestros empleos, relaciones o vida —salvo que no son los que en verdad escogimos. Son un reflejo de todo lo que *creímos* que se suponía debíamos buscar en vez de nuestras pasiones reales. Después de toda una vida de perseguir los sueños de otras personas (sea que estemos conscientes o no de que lo estamos haciendo), preocuparnos por lo que piensan los demás, o seguir una fórmula prescrita de la forma en que pensamos que nuestras vidas "deberían" ser, nuestras propias metas y deseos se desdibujan. Es como conducir un auto con el sistema de navegación gritándonos docenas de instrucciones diferentes al mismo tiempo. Gira a la derecha, gira a la izquierda, da una vuelta en U... eventualmente, nuestro propio sistema de dirección se ahoga.

Elegimos parejas que se ajustan a los estándares, aun si no estamos genuinamente enamoradas o felices. Aunque ésta es pura especulación de mi parte, no creo que sea una coincidencia que el porcentaje de mujeres casadas que reporta tener aventuras extramaritales se ha elevado 40 por ciento en los últimos veinte años. Nos mudamos a hogares o vidas idílicas —cualquiera que sea la forma que tome para nosotras— y después nos sentimos desilusionadas porque todo se siente forzado y plástico. Aun con la gente más cercana a nosotras sentimos que tenemos que esconder las cosas verdaderamente horribles, desorganizadas y reales detrás de nuestra fachada; y luego nos preguntamos por qué nuestras relaciones se sienten vacías. Vamos detrás de oportunidades o grados académicos animadas por nuestros seres queridos, creyendo que ése es el boleto para nuestra felicidad. O, como muchas de las mujeres que conocí, nos quedamos demasiados años en una carrera a la que no amamos simplemente porque somos buenas en eso. Aun cuando despertemos y nos demos cuenta de que estamos en la carrera, relación o vida equivocada, la idea de hacer un cambio es aterradora; en parte porque lo tomamos como una señal de fracaso y en parte porque significa que quizá tendremos que alejarnos *mucho* de nuestra zona de confort para comenzar de nuevo.

Cuando doy charlas en las universidades, a menudo cuento la historia de cómo pasé tantos años subiendo la escalera corporativa sin nunca cuestionarme si era eso lo que quería realmente. Una vez, después de una plática que di en Harvard, una joven de color se me acercó corriendo cuando estaba subiéndome a un taxi para decir: "Todo lo que acabas de decir en tu discurso era YO". Me contó que había hecho todo lo posible para entrar a esa universidad y estudiar un doctorado en aprendizaje y educación temprana, sin nunca preguntarse si eso la iba a hacer feliz. Ahora se daba cuenta de que no era lo que quería hacer en absoluto, pero que lo estaba haciendo simplemente porque era el paso en el camino al que la habían dirigido.

Cindy es una mujer sorprendente que literalmente se ve como si hubiera salido de las páginas de una revista de acondicionamiento físico. Ella me contó que finalmente había llegado al estado de absoluta perfección física que siempre había querido, pero que había terminado sintiéndose vacía. No era más feliz, su matrimonio no era mejor, los problemas de salud mental de su hijo adolescente no estaban bajo un grado mayor de control. Parece que aun si logras quitar todos tus defectos, las cosas no cambian mucho. No hay fuegos artificiales, no hay trofeos, no hay garantía de felicidad —sólo una vaga sensación de insatisfacción y un sentimiento de *¿esto es todo?*

Nos entrenan para asumir que si conectamos todos los puntos correctos, lograremos la plenitud. Ni siquiera sabemos qué tan arraigada está esa idea dentro de nosotras. El pensamiento es revolucionario cuando aparece: tal vez "la vida perfecta" no es realmente tan perfecta después de todo.

Mito #3: Si no soy perfecta, todo se derrumbará

Cuando la perfección es el ideal, por definición los defectos no pueden tolerarse. No son tanto los errores que cometemos lo que nos pega; es el significado que les damos. En la mente de una perfeccionista, un error es señal de un defecto personal.

La rueda interna comienza a girar con rapidez: No es sólo que haya divagado un poco en una junta; es que ahora mis colegas pensarán para siempre que soy estúpida. No es sólo que se me haya olvidado enviar el permiso para la excursión escolar; es que la maestra de mi hijo —y probablemente mi hijo— ahora piensa que soy una madre terrible. No es sólo que mi cita se desilusionará porque tuve que cancelarle a última hora; es que ahora nunca me volverá a invitar a salir y moriré sola.

Lilly, una asistente de un publicista, se pasó todo un fin de semana en las garras del pánico porque no había contestado un correo electrónico tan rápido como hubiera debido hacerlo, y estaba segura de que su jefa se enojaría mucho cuando se enterara. "El sábado fui a comer con una amiga y caí al fondo de la espiral: 'A lo mejor debía olvidarme de trabajar y regresar para estudiar mi maestría...'. Estaba tan aterrada de que me fueran a despedir, que el lunes llegué a las siete de la mañana y organicé todo lo que estaba a la vista para poder estar al margen de cualquier crítica."

Me encontré con un estudio reciente de un profesor de la Universidad de Auburn que descubrió que menos mujeres que hombres piensan que cumplen sus propios estándares en términos de compromisos con la familia y el trabajo. Un experto que comentó el estudio añadió que las mujeres experimentan mucha culpabilidad cuando tratan de equilibrar el trabajo con su vida personal. Con todo respeto, mi respuesta inmediata cuando leí estas impactantes noticias fue: "Bueno... *pues sí*".

No creo que la presión de hacer todo de manera perfecta se muestre más profundamente que en el caso de las mamás trabajadoras. Digamos la verdad: aun cuando tenemos sorprendentes esposos o compañeros de vida 50/50, nosotras somos las que sabemos qué hay en la pañalera, o nos acordamos de llevar el biberón, o tenemos el teléfono de la niñera a la mano. Hemos hecho un gran trabajo interiorizando el mensaje de que una mamá menos que perfecta equivale a una mala madre.

Viajo mucho por mi trabajo y al mismo tiempo siento una implacable presión y culpa de pasar demasiado tiempo lejos de mi hijo. Así que constantemente edito y reedito mi calendario para reducir al máximo el tiempo en que estoy fuera. Cuando estoy en la ciudad, me levanto a las cinco de la mañana para ir al gimnasio, para terminar antes de que mi hijo se levante y poder sentarme con él mientras desayuna y vestirlo para la escuela. Mi esposo es un gran papá, pero no experimenta ese mismo tipo de culpa. Si tiene una junta temprano y yo estoy fuera de la ciudad, no tiene problema en dejar que la niñera realice la rutina de desayunar y vestirlo. Incluso nuestra bulldog, Stan, activa mi culpa maternal: cuando se levanta y aúlla a las siete de la mañana, la saco a pasear, a pesar de que sé que cuando yo estoy fuera, se duerme alegremente hasta las diez de la mañana, hora en que Nihal ya está bañado, afeitado y vestido.

Somos las mujeres las que damos todo nuestro tiempo "para nosotras" a nuestras parejas y nuestros hijos. Pero seamos brutalmente honestas: con frecuencia nos lo ganamos a pulso. ¿Podrían nuestras parejas empacar la pañalera, preparar el desayuno de los niños y hacer arreglos con la niñera? Absolutamente. ¿Lo harían exactamente como quisiéramos que lo hicieran? Probablemente no. Pero si asumimos que no lo harán cien por ciento bien, pensamos que es mejor que lo hagamos nosotras, maldita sea.

Una encuesta nacional diseñada por el Instituto de las Familias y el Trabajo reveló que mucha de la presión de tiempo con la que lidian las mujeres es autoimpuesta, porque tienen problemas para delegar o soltar el control.[4] Algunos han argumentado que las mujeres se encargan de más de estas tareas porque su naturaleza está más orientada hacia la crianza. ¿Pero cuánto de lo que estamos hablando aquí es realmente crianza fundamental? Cuando pienso en crianza, pienso en atender al bienestar físico y emocional de mi hijo: cuidarlo cuando tiene fiebre, consolarlo cuando su rana de peluche favorita se pierde. Es nuestra moderna obsesión de ser la mamá perfecta —o lo que la socióloga feminista Sharon Hayes nombró "ideología del cuidado maternal intensivo"— y no un instinto maternal lo que me dice que debo tener uno de cada uno (y de la mejor calidad) de los útiles escolares a mano, darle colaciones orgánicas y enseñarle el alfabeto antes de que cumpla veintiún meses de edad, porque nosotras (está bien, yo) leímos en alguna parte que ésa es una señal de genialidad.

En su mayoría, los papás no sienten la misma presión. Ellos no padecen la misma culpa que te aplasta el alma si no entienden todo eso de la crianza, porque en primer lugar nunca se propusieron lograr esa marca perfecta. Yo me rio cada vez que veo el comercial de Pedigree Dentastix en donde aparece un joven padre supervisando a su desastroso pequeño comiendo en una silla para bebés. El niño termina con comida en toda la cara, así que el papá sale corriendo del cuarto para traer una toallita húmeda para limpiarlo. Para cuando regresa, el perro de la familia ha lamido la cara del bebé y la ha dejado reluciente. Papá se detiene, evalúa la situación, luego se encoge de hombros y responde alegremente: "Eso funcionará".

¿Puedes imaginar cuán liberador sería ser así?

Haciendo a un lado la imagen de lavar la cara de tu hijo con baba de perro, quiero enfatizar que renunciar a la expectativa de la perfección *no* es lo mismo que ser una mala madre o bajar tus estándares. No son los estándares lo que tenemos que cambiar, para nada, sino nuestro pensamiento acerca de lo que significa si los alcanzamos o no. Es excelente querer darle a tu hijo alimentos saludables. Al mismo tiempo, no será atacado por la desnutrición si le das una docena de nuggets de pollo congelados para cenar de vez en cuando. La puntualidad y la rutina son buenas prácticas de crianza. Habiendo dicho eso, si llegas tarde a recoger a tu hijo a la guardería porque el vehículo compartido que debería llevarte se quedó atrapado detrás de un camión de basura, puede ser que no le hayas causado un daño psicológico permanente.

Ser capaz de manejarlo todo no requiere de perfección. Exige valentía. Se necesita valentía para soltar el control y delegar, apuntar al cien por ciento pero sentirte bien si logras noventa, cometer errores y asumirlos sin sentirte avergonzada. Se necesita valentía para cuidarte a ti misma y decir no cuando esa voz en tu mente te está diciendo que lo sacrifiques *todo* por tu trabajo y familia (y por tu amiga que llama tres veces a la semana para pedirte consejos sobre su relación... y por el promedio de tus hijos... y por tu vecino que te pidió que sacaras a pasear a su perro mientras está de viaje...). Se necesita valentía para darte un descanso y negarte a dejar que la culpa dicte tu vida diaria, y para ejemplificar la autocompasión ante tus hijos diciéndoles que está bien equivocarse.

Se necesita valentía para retirar a tu niña perfecta y cambiarla por el nuevo modelo de mujer valiente, pero vale la pena.

Mito #4: La perfección es lo mismo que la excelencia

Es fácil decirnos a nosotras mismas que apuntamos a ser perfectas porque tenemos altos estándares y queremos ser excelentes. ¿Qué puede haber de malo en eso? Pero nuestro entrenamiento de niñas perfectas ha enturbiado las aguas. La verdad es que podemos ser excelentes *sin* ser perfectas; no significan lo mismo.

La diferencia entre excelencia y perfección es como la diferencia entre amor y obsesión. Uno es liberador, la otra poco saludable. La perfección es un juego de todo o nada; o tienes éxito o fracasas, punto. No hay pequeñas victorias, no hay una buena calificación para premiar tu esfuerzo. Si buscas la perfección y fracasas en cualquier cosa, esto realmente puede sacarte del juego.

Por otra parte, cuando buscas la excelencia, no dejas que el fracaso te quiebre, porque no es un juego de ganar o perder. La excelencia es una forma de ser, no un blanco al que atinas o no. Te permite enorgullecerte del esfuerzo que pones sin importar el resultado. Seré la primera en decirte que es increíble tener altos estándares personales. *Debes* prepararte bien y esforzarte por dar lo mejor de ti en esa entrevista, reunión, evento, discurso, juego o proyecto —personal o profesional. No hay nada malo en tener un saludable deseo de alcanzar la excelencia, incluso de ganar. Lo que *no* está bien es fijarte metas y expectativas imposibles o vapulearte a ti misma si no consigues los resultados ideales.

Sabrás que estás cruzando la línea de la búsqueda de la excelencia al perfeccionismo cuando sientes que nada es suficiente. Una gran pista es que no sabes cuándo celebrar. Yo todavía tengo que vigilarme a mí misma al respecto. La gente dice: "Wow, Reshma, has logrado mucho", y de inmediato una molesta vocecita en mi cabeza dice: *Realmente* no. Es el fantasma del perfeccionismo el que habla, y absorbe toda la alegría de la experiencia. Pero si buscas la excelencia en vez de la perfección, realmente te sientes orgullosa de tus logros. En estos días, estoy trabajando en darme el tiempo para celebrar cuando logro algo. Pongo a mi chica Beyoncé a todo volumen y danzo por toda mi sala, compro una de esas galletas de chispas de chocolate decadentemente deliciosas de mi panadería favorita, o incluso tuiteo una pequeña nota de felicitación para mí misma.

La perfección realmente puede arruinar algo bueno. En vez de permitirnos ver todo lo que hicimos bien, exige que nos híperconcentremos en la única cosa que no salió al cien por ciento. Por ejemplo, mi plática TED ha tenido más de cuatro millones de reproducciones; incontables mujeres me han enviado correos electrónicos para decirme cuánto las movió, y la revista *Fortune* incluso la llamó una de las pláticas más inspiradoras de 2016. ¿Pero sabes qué fue lo que vi cuando la observé? Cabello demasiado rizado y un ridículo maquillaje como de vampiresa. Ahí estaba yo, logrando influir en la vida de millones de niñas y mujeres, y todo en lo que pude pensar fue: *¿Por qué nadie me dijo que me veía como si fuera a ir a un bar en vez de subirme a un escenario para dar una plática frente a millones de personas?*

Cuando mi amiga Tiffany Dufu publicó su increíble libro *Drop the Ball* (Meter la pata), éste recibió brillantes críticas y fue alabado por Gloria Steinem como "importante, pionero, íntimo y valiente". En vez de celebrar este increíble elogio, se quedó clavada en un par de críticas negativas en Amazon (aun cuando las positivas las superaban en número). "Pensaba que mi mundo se estaba derrumbando cada vez que alguien escribía algo negativo", dijo. Otro caso en que el perfeccionismo nos roba el orgullo por la excelencia.

Se ha convertido un poco en cliché describirte como perfeccionista en una entrevista de trabajo, pensando que esto implica que tienes una sólida ética laboral y prestas gran atención a los detalles. La ironía es que el perfeccionismo de

hecho *impide* la excelencia. Nos hace sobrepensar, sobrerrevi-
sar, sobreanalizar: demasiado perfeccionamiento, no mucha
acción real.

Quizás estás pensando: *Claro, un poco de imperfección
está bien en algunos trabajos, pero todos queremos que nuestros
profesionistas de confianza, como los médicos o los abogados,
sean perfeccionistas, ¿no?* Pero los estudios han dado argumentos convincentes de por qué ese pensamiento es erróneo. Por
ejemplo, una investigación de 2010 reveló que de mil doscien-
tos profesores universitarios, quienes buscan la perfección
tienen menos probabilidades de ser publicados o citados. El
estudio confirma que la gente más exitosa en cualquier campo tiene *menos* tendencia a ser perfeccionista, porque la ansiedad de cometer errores estorba, según explica el psicólogo
Thomas Greenspan en un artículo de la revista *New York*.[5]
"Esperar a que el cirujano esté absolutamente seguro de estar tomando la mejor decisión puede hacer que me desangre
hasta la muerte."

Mito #5: Fracasar no es una opción

Si fracasar no es una opción, entonces tampoco lo es tomar
riesgos. Y ahí lo tienes, así es como la perfección estrangula
la valentía.

El miedo al fracaso es enorme. Tenemos miedo de que
si intentamos algo fuera de nuestra zona de confort, y no lo
logramos, pareceremos tontas y nos identificarán por siempre con nuestro fracaso. Tenemos miedo de que ésa será la
prueba de que nunca podremos lograr las expectativas que
tenemos de nosotras mismas —o las expectativas de los demás. Terminaremos deshonradas, avergonzadas, emocional y

profesionalmente diezmadas. ¿Qué pasa si nos quiebra y nunca podemos volver a reunir los pedazos?

Cuando perdí la elección para el Congreso, pensé que estaba acabada, fastidiada de por vida, muerto mi sueño de ser una servidora pública a escala nacional. Desperté a la mañana siguiente en la habitación del hotel que mi equipo y yo habíamos decorado (con bastante optimismo) con globos y *post-its* pegados por todos lados llenos de mensajes de felicitación, sintiendo el estómago revuelto. Había decepcionado a la gente que había invertido en mí y me había apoyado, mis votantes, mis amigos, mi familia. Estaba segura de que, como candidata, mi carrera estaba en ruinas; como ser humano, me sentí completa y enfermizamente como una basura.

Me tomó algunos meses lamer mis heridas antes de volver a alzar la cabeza. Cuando lo hice descubrí un nuevo sueño que me permitió servir y cambiar las cosas en la forma exacta en la que ahora sé que estaba destinada a hacer. Siempre pensé que mi vocación era estar en Capitol Hill, pero descubrí que si quería innovar y hacer cambios, mi senda sería crear un movimiento de niñas programadoras que crecerían para resolver los problemas más apremiantes del mundo y de nuestra nación.

Y aquí está la cosa: yo nunca hubiera aprendido eso si no hubiera intentado algo y fracasado. Si nunca me hubiera postulado, nunca habría visitado los salones de clases durante mi campaña ni hubiera visto la división de géneros en las escuelas y el talento potencial que nuestra economía se estaba perdiendo. Nunca hubiera tenido la idea de Girls Who Code, ni hubiera gozado el privilegio de ayudar a decenas de miles de niñas en todo el país a creer que ellas pueden hacer cualquier cosa. Tampoco hubiera cultivado la firme creencia de que *yo* puedo hacer cualquier cosa.

En el mundo de las *start-ups*, el fracaso se celebra como
una parte necesaria de la innovación, y la mentalidad emprendedora de "fracasa temprano y a menudo" está comenzando a esparcirse. En estos días estamos presenciando un
gran ímpetu para eliminar el estigma del fracaso tanto en la
educación como en el mundo, y me encanta. Por ejemplo, el
Smith College lanzó recientemente un programa llamado *Fai-
ling Well* (Fracasar bien), para ayudar a los estudiantes de alto
rendimiento a lidiar e incluso aceptar los tropiezos, y Stanford, Harvard, Pensilvania y otras universidades han seguido
el ejemplo con iniciativas similares.

En la *start-up* theSkimm, con sede en la ciudad de Nueva York, las fundadoras Danielle Weisberg y Carly Zakin ins-
tituyeron un ritual con un sombrero llamado Fail So Hard
(Fracasa en serio), en el cual pasan un sombrero durante las
reuniones de personal para que todos los que intentaron algo
nuevo esa semana y fracasaron lo usen con orgullo mientras
comparten su historia.

Estoy aquí para decirte que fracasar ES una opción. Yo
no sólo fracasé cuando perdí la elección para el Congreso de
Estados Unidos, lo hice todo otra vez en 2013, con una fallida
postulación para ser defensora pública en la ciudad de Nueva
York. Fracasé el mes pasado cuando olvidé el cumpleaños de
mi sobrina, y otra vez esta mañana cuando estaba poniéndole
el pañal a mi hijo y se orinó encima de mí. Al fracasar, aprendí
cómo aceptar la imperfección. Ya no le tengo miedo. En palabras de Hillary Clinton, prefiero ser "atrapada intentándolo",
que no intentarlo en absoluto.

Mito #6: Necesito ser perfecta para salir adelante

Tristemente, sigue siendo cierto que las mujeres tienen que trabajar el doble de arduo para ganarse el respeto en su trabajo, en comparación con los hombres. Siendo las que buscamos sobresalir por excelencia, para la mayoría de nosotras significa que para alcanzar el éxito no sólo tenemos que ser excelentes, debemos ser perfectas.

El problema aquí es que la perfección *no* nos hace salir adelante. De hecho, nos sabotea de muchas más formas de las que imaginamos.

Un estudio publicado en 2015 por LeanIn.org y McKinsey & Co. demostró que las mujeres no llegamos a puestos de liderazgo directivo no por las obligaciones familiares, sino porque no queremos el estrés y la presión que vienen con ese nivel de responsabilidad.[6] Como reportó *The Wall Street Journal* en un resumen de este estudio: "El camino a puestos directivos es desproporcionadamente estresante para las mujeres". Creo que es cierto, pero también pienso que este estrés desproporcionado surge en parte porque las mujeres piensan que necesitan hacer el trabajo a la perfección.

¿Cuántas oportunidades profesionales dejamos pasar porque teníamos miedo de ser rechazadas o de fracasar? ¿Cuántas veces hemos descartado una misión o un ascenso diciendo "No sirvo para eso"? No hay duda de que el techo de cristal —metáfora de barrera invisible— y la doble dificultad son factores en el progreso de las mujeres, pero creo que nuestra programación de la-niña-perfecta también desempeña un papel significativo en que las mujeres tengan tan poca representación en puestos de liderazgo en el mundo corporativo, en el gobierno y en todas partes. Las mujeres no se postulan para un cargo público porque piensan que no lo harán tan bien como los hombres, aunque las investigaciones prueben que ése no es siempre el caso. Lo que interfiere es el miedo de exponer a nuestros yos menos-que-perfectos, o la creencia de que no tenemos las habilidades ideales de liderazgo, no la capacidad.

He trabajado con muchos hombres en la abogacía, en finanzas y ahora en la industria de la tecnología, y un rasgo que todos parecen tener en común es la disposición de dar un paso al frente y asumir un riesgo —sin importar si están o no ultra-preparados para ello. Si le pregunto a mi equipo de GWC quién quiere liderar un nuevo proyecto de negocio, no falla que los chicos alrededor de la mesa de inmediato levanten la mano, incluso los que nunca hayan hecho nada en esa área antes. Como cuando mi vicepresidente de Finanzas, por ejemplo, se ofreció con entusiasmo como voluntario para encargarse del departamento de Recursos Humanos aun cuando tenía cero experiencia en esa área y la organización buscaba crecer 300 por ciento el año siguiente. Sin embargo, si le pido a una de mis empleadas que encabece un gran proyecto en un territorio nuevo y poco conocido, casi siempre se cuestionará si está calificada para asumir el liderazgo o preguntará si puede consultarlo con la almohada (lo que por lo regular resulta en que regresa a decirme que no).

He visto a incontables hombres empezar negocios sin preocuparse de tener capacitación o experiencia relevantes. Jack Dorsey, uno de los cofundadores de Twitter, comenzó Square porque tenía curiosidad por encontrar una forma de facilitar los pagos, no porque supiera mucho de los pagos en dispositivos móviles. No tenía experiencia construyendo una compañía de servicios financieros, pero eso no le estorbó. Tres chicos dedicados a la tecnología de alrededor de veinte años fundaron la increíble y exitosa app de productos de belleza Hush cuando se dieron cuenta —casi por accidente— de que el maquillaje era un éxito de ventas en su sitio web. En vez de decir: "Somos hombres... no sabemos nada de maquillaje", se atrevieron y armaron un equipo compuesto por 60 por ciento de mujeres para que los orientaran en la dirección correcta.

Esto está en claro contraste con Tina, la inteligente y talentosa mujer que me corta el cabello. Tina quiere abrir su propio salón, pero como no sabe cómo construir un sitio web o comenzar una compañía, se ha resignado a quedarse donde labora. Mucho de ello está ligado al ideal de "perfección sin esfuerzo" que nos enseñaron de pequeñas. Como señala Rachel Simmons, cuando crees que se supone que debes hacer que todo se vea fácil y pretendes que tienes todo bajo control, te pierdes la oportunidad de desarrollar una habilidad muy importante: admitir que necesitas ayuda. En vez de pedir ayuda, Tina se convenció de hacer su idea a un lado. En uno u otro momento, la mayoría de nosotras ha hecho lo mismo.

El ideal de perfección también nos pega directo en el salario. Ha habido muchas pláticas acerca de por qué existe una constante brecha entre hombres y mujeres en esto. ¿Es la discriminación de género y estructural por lo que las mujeres enfrentan una barrera infranqueable? ¿Las mujeres simplemente están eligiendo industrias que pagan menos? ¿O es la presión que nos imponemos a nosotras mismas de hacer el trabajo perfectamente la que nos hace descartar las oportunidades de salarios bien remunerados? También hay que considerar el factor de la negociación cuando pensamos en el dinero que podemos estar dejando en la mesa. Es difícil presionar para ganar más cuando te preocupa que te vean muy insistente.

Este miedo está al acecho en la mayoría de las mujeres, sin importar cuán realizadas o poderosas sean. Cuando Jennifer Lawrence, ganadora de un premio de la Academia, descubrió que ganaba bastante menos que sus coestrellas en la exitosa película *American Hustle*, se culpó a sí misma por no haber presionado para obtener su parte justa porque estaba preocupada por cómo la percibirían los demás. "Mentiría si dijera que no comenté que existía ese elemento de querer ser apreciada, el cual influyó en mi decisión de cerrar el trato sin dar pelea", escribió en el boletín feminista *Lenny*.[7] "No quería que me consideraran 'difícil' o 'caprichosa'. Al mismo tiempo, parecía una buena idea, hasta que vi la nómina en internet y me di cuenta de que todos los hombres con los que estaba trabajando definitivamente no se habían agobiado por ser 'difíciles' o 'caprichosos'." Eso es exactamente por qué tenemos que cultivar el valor de exigir y ganar el dinero que merecemos.

Lo único que la Niña Perfecta 3.0 puede tolerar menos que cometer errores es obtener retroalimentación negativa. Nora trabaja en la recepción de un hotel, donde cada tres meses le dan reportes de desempeño. Incluso si 90 por ciento de su reporte es positivo, se concentra en el 10 por ciento que según su jefe necesita mejorar. Aun cuando el reporte está diseñado para mostrar cómo y cuándo puede atender mejor a los huéspedes del hotel, todo lo que oye es cómo lo arruinó todo y decepcionó a su jefe. "Lo tomo bien por fuera, pero muero por dentro", dijo. "Me come viva durante días."

Párate derecha... arréglate el cabello... no murmures. Pero espera. Si estamos acostumbradas a recibir este tipo de normas incisivas durante nuestras jóvenes vidas, ¿por qué nos derrumbamos más tarde cuando obtenemos una retroalimentación que es un poco menos que excelente? ¿Por qué ese coro de críticas no puede traducirse en agallas? Probablemente porque estamos recibiendo esos mensajes cuando somos demasiado jóvenes y los escuchamos como desaprobación. No lo vemos como el consejo constructivo de un padre o madre amorosos tratando de enseñarnos cómo comportarnos, sino como desaprobación. Así que, naturalmente, más tarde en la vida, experimentamos las críticas más insignificantes como una censura a nuestro carácter.

La incapacidad de tolerar la retroalimentación negativa nos limita profesionalmente, porque evita que tomemos la retroalimentación *constructiva* que de hecho podría ayudarnos a mejorar. Más de un hombre me ha dicho que ellos evitan criticar a sus compañeras de trabajo —sin importar qué tan útil podría ser esta opinión para el resultado de un proyecto o situación— porque tienen miedo de que "las harán llorar". Y por desgracia, a veces tienen razón. Si eso no es una fotografía de cómo nos sabotea la perfección, entonces no sé lo que es.

Así como somos lo bastante inteligentes para saber intelectualmente que la perfección nos limita en todas estas formas y más, también somos lo bastante listas para entender que ser conscientes de estos mitos no significa que las décadas de entrenamiento —de las que se derivan— desaparecerán de la noche a la mañana. Tan increíble como puede ser leer un libro y liberarnos mágicamente de las garras del perfeccionismo; no es así como funciona.

La clave real para liberarte es reentrenarte a ti misma para aceptar la valentía, cosa que aprenderás hacer en la Parte 3. Entonces, y sólo entonces, la Niña Perfecta 3.0 desaparecerá en las sombras, dejando espacio para que emerja la mujer audaz y segura de sí misma.

La verdad acerca de la perfección

Más allá de los mitos acerca de la perfección hay una verdad esencial:

Perfecto es igual a aburrido.

Consideramos la noción de "perfecta" como la meta final. Cero errores, cero defectos, cero aristas sin pulir. Pero la verdad es que las aristas desordenadas e inconclusas son las que nos hacen interesantes y enriquecen nuestra vida. Aceptar nuestra imperfección crea alegría. Además, si ya eres perfecta, ¿dónde está la diversión de aprender o esforzarte? Siempre me han encantado las historias acerca del presidente Obama jugando basquetbol. No era muy bueno para eso, ni siquiera tenía una técnica buena. Pero le encantaba, así que practicaba y practicaba, y mejoró en pasar la pelota por la red y en sentirse bien con el hecho de ser menos que perfecto. Entrenar una nueva región de su cerebro era satisfactorio, y esa cualidad era parte de lo que lo hizo un gran líder.

La gente más interesante que conozco tiene defectos y peculiaridades que la hacen única y asombrosa. Mi amiga Natalie es una impuntual crónica —pero lo compensa siempre con una emocionante historia acerca del lugar en donde acaba de estar. Daaruk deja un desorden en nuestro departamento cada vez que viene a quedarse con nosotros en Nueva York, pero tiene una de las más mentes más creativas y fascinantes que he visto. Adita no tiene absolutamente ningún filtro y dice lo que se le viene a la mente; sus observaciones pueden doler a veces, pero suelen ser críticas precisas y útiles. En cuanto a mí, yo sé que me encanta tener razón y ser un poco (está bien, un mucho) enérgica al respecto, pero eso es lo que me hace ser una campeona tan obstinada de mis ideales.

Si lo piensas, de hecho es un tanto gracioso que luchemos por ser perfectas, dado lo insatisfactorio que significa alcanzar la perfección.

Por otra parte, la valentía es una búsqueda que agrega a tu vida todo lo que la perfección amenazó con quitarte alguna vez: alegría auténtica; un sentido de logro genuino; apropiarte de tus miedos y tener las agallas para enfrentarte a ellos; una apertura a nuevas aventuras y posibilidades; aceptar todos los errores, pifias, fallas y defectos que te hacen interesante, y que hacen que tu vida sea auténticamente *tuya*.

PARTE 2

Ser valiente
es la nueva moda

4. Redefinir la valentía

Mientras escribo esto, se está viviendo un momento crucial para las mujeres y la valentía en el escenario nacional. Comenzó, por supuesto, en el otoño de 2017, cuando fuimos testigos de qué tan asombrosa puede ser la fortaleza femenina.

Cuando *The New York Times* publicó un informe devastador sobre Harvey Weinstein, el titán de Hollywood, revelando décadas de acoso sexual, desató un torrente de historias personales. Parecía que cada día recibía una alerta de "Noticias de última hora" en mi teléfono acerca de otro poderoso hombre del entretenimiento, los deportes, el mundo académico, los medios o la política que había usado su estatus para acosar, dañar e intimidar a las mujeres para que callaran. Despacio al principio, y después con un estremecedor volumen y velocidad, las mujeres se unieron al estruendoso coro del movimiento #MeToo y se liberaron de años de vergüenza. Dejaron atrás el miedo y dijeron públicamente *No más.* No más silenciar nuestras voces. No más hacernos las buenas. No más cambiar nuestra autovalía ni aceptar estupideces condescendientes y abuso porque "así son las cosas". Los resultados fueron históricos, porque las antes intocables carreras y reputaciones de estos hombres se redujeron instantáneamente a cenizas humeantes.

El movimiento #MeToo les devolvió la voz a incontables mujeres, pero también le mostró al mundo lo que puede ocurrir cuando las mujeres se unen y eligen la valentía. Pero no sólo eso: también nos dio una forma distinta de hablar sobre valentía: por qué importa, quién la tiene (mmm, todas) y, más que todo, cómo definimos lo que significa ser valiente.

Al momento de escribir este libro, aún no sabemos si este movimiento inspirará los cambios sistemáticos a largo plazo —que tan desesperadamente necesitamos— en la asimétrica dinámica de poder. Pero la tendencia que estamos viendo me llena de esperanza. Vi con orgullo cuando Serena Williams rompió las elegantes reglas tácitas de su deporte, y se atrevió a tomar una postura emocional y desafiante en el Abierto de Estados Unidos contra la parcialidad que pesaba sobre ella, en un esfuerzo por limpiar su nombre y hablar en representación de todas las mujeres tenistas. Me mantuve pegada al televisor observando con asombro y respeto a una aterrada pero determinada doctora Christine Blasey Ford cuando testificó ante el Senado por el ataque perpetrado contra ella por el ministro de la Suprema Corte de Justicia, Brett Kavanaugh. Así es como las mujeres cambiarán el mundo, una voz cada vez más valiente.

Estamos viendo a más y más mujeres desplegar su valentía en tantas formas, incluyendo atreverse a desafiar estereotipos arraigados, reivindicar nuestras voces y hablar contra la injusticia, rompiendo techos de cristal y mucho más. Es momento de redefinir el coraje como un rasgo que todos podemos obtener, sin importar el género o la biología.

¿La valentía es un rasgo masculino?

Alerta de *spoiler:* ¡No!

Una de las respuestas más memorables a mi plática TED sobre la valentía vino de un chico que subió un comentario en el sitio web *Armed and Dangerous* (Armados y peligrosos; su lema: Sexo, software, política y armas de fuego. Los simples placeres de la vida...), argumentando que las mujeres éramos menos valientes debido a nuestros ovarios. Sí, leíste bien: nuestros ovarios.

Él sostenía que las mujeres somos naturalmente más cautas y miedosas porque la evolución nos programó de esa manera. Según él: "Las mujeres sólo tienen una cantidad limitada de ovulaciones en su vida, y en el EAA (entorno de adaptación ancestral) el embarazo es un serio riesgo de muerte. Comparen esto con los hombres, que tienen un suministro ilimitado de esperma. El papel de cualquier hombre como individuo en el éxito reproductivo de un grupo humano es mucho menos crucial que el de cualquier mujer. Es pura teoría de juegos. Sería una locura que las mujeres no fueran *instintivamente* menos propensas a tomar riesgos que los hombres".

Bueno, escúcheme, señor: mis ovarios no tienen nada que decir sobre cuán valiente elijo ser. Su razonamiento puede sonar lógico y provocar gestos de asentimiento y aprobación entre sus compañeritos, pero su entendimiento de la ciencia es defectuoso, por decir lo menos. Tristemente, este tipo de argumentos son un lugar común y deben ser desmentidos *ahora*.

La valentía no es innata. Los hombres no están biológicamente programados para ser el sexo más valiente, y la testosterona no es el único y todopoderoso boleto que conduzca al valor. Por desgracia, este argumento de "los hombres están programados para ser más valientes" ha sido expresado muchas veces en distintos matices. Estoy segura de que has oído algunas de estas variaciones: nuestros cerebros están programados de forma diferente cuando se trata de tomar riesgos. Los hombres son más valientes porque tienen más testosterona, o porque han sido prehistóricamente programados para seducir a las parejas reproductivas con su audaz arrojo. Todo esto no es más que basura.

En esencia, el argumento evolutivo se refiere al éxito reproductivo, o supervivencia del más fuerte. Pero esta teoría de que la valentía masculina es un rasgo que permitirá que las especies continúen también necesita refrescarse. Hoy en día, toda la noción de Yo Tarzán/Tú Jane, que se refiere al enorme, corpulento cavernícola que caza sin miedo mastodontes gigantes, mientras su descalza y embarazada esposa se queda segura en la cueva atendiendo el hogar es, para decir lo menos, obsoleta. Puede haber tomado millones de años, pero hemos evolucionado *mucho más allá* de los días en que el trabajo de una mujer se limitaba a recoger moras, o a hornear pasteles, o a mezclar un martini seco y actuar como un agradable ornamento.

En el mundo actual, la valentía es mucho más que sólo arrojo físico, y vemos cientos de ejemplos a nuestro alrededor de niñas y mujeres que son endiabladamente valientes en una miríada de formas. Desde la soldado transgénero Chelsea Manning, que reveló información clasificada sobre la corrupción gubernamental, a la senadora australiana Larissa Walters, quien reclamó audazmente los derechos de las madres que trabajan y amamantó a su hija en el Parlamento, hasta los cientos de mujeres que arriesgaron su sustento y su reputación denunciando el abuso sexual a manos de hombres poderosos, hemos amasado mucha evidencia de que el alcance y la definición de la valentía han evolucionado poderosamente.

Todo esto acaba por ser buenas noticias para nosotras como mujeres, porque aunque no podemos cambiar la biología, por supuesto que podemos modificar nuestro entorno, o al menos la forma en que respondemos a él. Así como aprendimos a ser las niñas perfectas, nos enseñamos a nosotras mismas cómo ser mujeres valientes.

Una nueva visión de la valentía

Viví dos acontecimientos cruciales en 2013: perdí la elección para ser defensora pública y sufrí mi tercer aborto espontáneo unos meses después. Yo era un desastre. Todas esas cosas malas me estaban sucediendo y sentía que no podía detenerlas.

No mucho después, mi esposo me arrastró a un viaje a Nueva Zelanda para la boda de nuestro amigo Jun. Él es un apasionado de las aventuras, así que todo el viaje se centró en hacer que los invitados participaran en actividades un tanto peligrosas. Una de ellas era un salto en *bungee*. Bien, yo le tengo pavor a las alturas; quiero vomitar cuando estoy en la azotea de un edificio, así que puedes entender por qué no quería lanzar de un puente mi cuerpo suspendido sólo de una banda elástica alrededor de mi tobillo. Al mismo tiempo, sentía que mi vida estaba fuera de control, y de alguna forma pensaba que dejar ir mi miedo a las alturas y dar ese salto también me permitiría soltar la frustración y la tristeza que llevaba a rastras.

Así que salté. Sí, junto con mi esposo y con los ojos cerrados todo el tiempo mientras les rezaba a todos los dioses hindúes que conocía, pero salté. Fue aterrador, pero mentiría si no te dijera que volar por los aires no fue también emocionante y liberador. Después de ese viaje, regresé a Estados Unidos, volví a comenzar mi carrera, e intenté de nuevo tener un bebé —ambas cosas salieron mejor de lo que nunca había soñado.

¿Cuál de esos actos fue el más valiente? Si te vas por la definición tradicional (o sea, masculina) de valentía, probablemente dirás que el salto en *bungee*. Pero la verdadera valentía es más que ser temeraria. La valentía toma tantas formas distintas, y todas son importantes y valiosas. *Toda valentía importa* porque la valentía se nutre a sí misma. Construimos nuestros músculos de valentía un acto a la vez, grande o pequeño. A esto me refiero cuando digo que es momento de que redefinamos la valentía, en nuestros términos.

En un mundo lleno de princesas, atrévete a ser un hot dog

Así que, ¿cómo defino a la valentía?

Valentía es mi amiga Carla, quien renunció a una compañía extraordinariamente exitosa que había fundado porque su relación con su cofundadora se había vuelto tóxica. Le tomó algunos años reunir el valor de irse porque había dado tanto de sí misma para construir el negocio y había invertido tanto en su éxito, que no sabía quién sería si ya no era parte de él.

Valentía es Sharon, quien terminó con un cómodo matrimonio de veinticinco años y una vida fácil porque en el fondo sabía que era gay y que si no seguía a su corazón, se arrepentiría el resto de su vida. Es Audrey, la niñera de mi hijo, quien combatió y sobrevivió a un cáncer de mama. Es cada mujer que eligió un camino de vida o una pareja que su familia no aprobaba, que sacó adelante a un hijo sola, o que honró a esa voz interior que le decía que la maternidad *no* era su camino. Es cada mujer que regresó a la escuela o al trabajo después de nacer sus hijos, y cada mujer que eligió no hacerlo. Es cada mujer que tuvo las agallas para romper la ilusión de que tenía todo bajo control y pidió ayuda.

Valentía es cada mujer que ha alzado la voz ante el maltrato, incluso poniendo en riesgo su carrera o su reputación. Es cada mujer que se perdona por el error cometido, que se da permiso de dar de comer pizza a sus hijos de vez en cuando en lugar de una comida preparada en casa. Es quien, cuando sabe que está equivocada, dice "lo siento" sin ponerse a la defensiva o culpar a alguien más.

Es valiente proclamar quién eres, en voz alta, orgullosamente y sin pedir perdón. Vemos ejemplos de esto por todas partes, y no sólo en los lugares esperados. No hace mucho, la foto de una niña de cinco años llamada Ainsley, de Carolina del Norte, se hizo viral después de que se presentó en su clase de danza para la "Semana de las Princesas" vestida no como Cenicienta o como una de las hermanas de *Frozen*, sino como un hot dog. Su maestra de baile estaba tan asombrada por la elección tan valiente de Ainsley que subió una foto, e internet enloqueció. Por toda la Twitteresfera, la gente aclamó a esta pequeña, que sin querer nos inspiró a cada una de nosotras a ondear nuestra propia, rara bandera. Mi tuit favorito: *En un mundo lleno de princesas, atrévete a ser un hot dog.*

Es posible que la actual generación de niñas pueda enseñarnos una o dos cosas sobre la valentía. Mi amiga Valerie tiene una hija que ha sabido que es transgénero desde los siete años. Valerie ayudó a su transición a esa corta edad de James a Jasmine, y cuando Jasmine entró en una nueva escuela al año siguiente, nadie estaba enterado. Ella mantuvo su identidad de nacimiento en secreto, insegura de si se burlarían de ella, o algo peor. En uno de los más conmovedores actos de valentía que puedo imaginar, cuando su grupo estaba aprendiendo acerca de la identidad de género, la pequeña Jasmine se puso en pie y contó su secreto a sus compañeros. Por breves momentos, se quedaron en silencio antes de reunirse alrededor de Jasmine para darle abrazos de apoyo y decirle que estaban orgullosos de ser sus amigos.

Valentía es asumir una postura impopular cuando todo el mundo espera que sigas el programa, y negarte a retroceder. En enero de 2017, pocos días después de la toma de posesión del presidente Trump, recibí una llamada de la oficina de Ivanka Trump invitándome a la Casa Blanca a discutir una iniciativa de educación en ciencias de la computación que ella estaba encabezando.

Unos días más tarde, el presidente firmó una orden ejecutiva bloqueando la entrada de ciudadanos de siete países predominantemente musulmanes. Siendo hija de refugiados, me sentí asqueada y a la vez con la fuerte obligación de defender a muchas niñas musulmanas que participan en GWC. Rechacé la invitación de la señorita Trump de colaborar con esta administración.

Más tarde ese mismo año, grandes líderes de la industria tecnológica se reunieron en un evento en Detroit para celebrar el compromiso del Departamento de Educación de donar 200 millones de dólares para ciencias de la educación. Muchos eran y siguen siendo mis amigos y colegas de la industria. Yo no asistí, de nuevo sintiendo que tenía que asumir una postura contra una administración que tanto daño ha hecho a través de su intolerancia.

Mis sentimientos al respecto son tan fuertes que decidí duplicar mi apuesta de nuevo y accedí a escribir una columna de opinión para *The New York Times* explicando mi posición. Seré honesta contigo: estaba aterrada la mañana en que el artículo debía salir. Creía profundamente en lo que estaba diciendo, y al mismo tiempo sabía que algunas personas de la industria tecnológica se enojarían mucho. Es muy difícil enfrentarse a los poderosos, y yo estaba sumamente consciente del hecho de que podría haber efectos colaterales. Sabía que podría perder financiamiento, porque mencioné a algunos de los más grandes donadores de GWC, en su mayoría gigantes tecnológicos y líderes que no estarían contentos de que yo cuestionara su valor moral. Pero también sabía que debía controlar mi miedo y hacer lo que pensaba que era correcto. Prefería asumir esa postura ante esta cuestión que quedarme callada frente a un *bully* sólo porque estaba comprometida con mis financiadores.

Sorprendentemente, la represalia que esperaba nunca llegó. En vez de eso llovieron pequeñas donaciones de todo el país, junto con notas de apoyo y gratitud. Los maestros que anhelaban ver más diversidad escribieron para felicitarme, las mamás escribieron para darme las gracias por mi postura porque, como dijo una de ellas: "Hay cosas que nunca deben convertirse en norma". Mi punto aquí no es que me felicitaran; es que los actos arriesgados —como asumir una postura impopular— pueden ser aterradores, pero a menudo terminan siendo los más apreciados y celebrados.

Considera a las valientes mujeres que denunciaron a Bill Cosby, Bill O'Reily, Roger Ailes, al entonces candidato presidencial Donald Trump, a los inversionistas de Silicon Valley y a muchos otros, aun sabiendo que había una gran posibilidad de que nadie creyera sus historias. Esto fue antes de que se abrieran las compuertas del caso Harvey Weinstein, desatando la oleada que se convirtió en el movimiento #MeToo - -lo que vuelve aún más valiente lo que estas mujeres hicieron. Se necesitan agallas para ser la primera en hacer algo, para incursionar en nuevos terrenos. Sus historias fueron descartadas en su mayor parte, sus reputaciones quedaron irreversiblemente dañadas, y ellas fueron sometidas a crueles amenazas y odiosos ataques en los medios, y aun así, se negaron a dar un paso atrás.

Por poco tiempo, pareció que su dolor no había servido para nada, pero como ahora sabemos, no fue así. Aunque no tenían forma de saberlo en ese momento, estas mujeres abrieron una pequeña grieta en la falla geológica, que creció hasta convertirse en uno de los más grandes terremotos de nuestra moderna historia social. Sin ellas, ¿quién sabe si se hubiera dado el movimiento #MeToo? Una cosa que sé con seguridad es que la valentía es contagiosa, y cuando una sola mujer alza la voz, inspira a muchas otras a hacer lo mismo.

Ésas son las grandes formas públicas de la valentía. Sin embargo, las formas silenciosas que adoptamos en nuestros momentos privados son igual de valiosas. Una de mis alumnas en GWC, Valentina, decidió dejarse su cabello rizado natural en su primer año de secundaria. Puede parecer una decisión insignificante, pero esto no se hacía en su escuela; el estándar de belleza era el cabello lacio. ¿Algunos de los chicos hicieron comentarios groseros? Sí. Pero después de que muchas niñas le dijeron en privado que deseaban tener las agallas para hacer lo mismo, Valentina decidió comenzar un club en su escuela llamado "Conoce tus raíces". "La sociedad nos hace sentir como si necesitáramos alaciar nuestro cabello sólo para encajar", dijo. "No sabía cuántas niñas se sentían inseguras y luchaban por sentirse bellas con su cabello tal como es."

La valentía no siempre es hacer la cosa más grande, audaz o mala. A veces es más valiente darte permiso de ser fiel a ti mismo al *no* hacer algo que se espera de ti. Por ejemplo, cuando nació mi hijo, asumí que lo amamantaría tanto tiempo como fuera posible. Eso es lo que cada libro (y la enfermera en el hospital... y otra mamá que conocí...) me dijeron que era lo que se suponía que debía hacer, y por supuesto yo quería lo mejor para él, así que me comprometí. ¡Iba a ser la mejor mamá de la historia, maldita sea!

Cuando regresé al trabajo, las cosas se complicaron. Me sorprendí a mí misma buscando frenéticamente un baño privado cada tres horas para sacarme la leche, derramándola en mi blusa en pequeños, apestosos baños de avión, y poniendo mi alarma a las cinco de la mañana para alimentarlo antes de irme a trabajar. Estaba frustrada, exhausta y me sentía miserable —por no hablar de que estaba furiosa con mi esposo por no tener que lidiar con la lactancia. ¿Dónde estaba la alegría de la nueva maternidad que tanto me habían prometido? Recurrí a mi amiga Esther Perel, la renombrada psicoterapeuta y experta en relaciones, para que me ayudara. Cuando le conté por lo que estaba pasando, me miró y mi dijo, llanamente: "Sólo deja de darle pecho".

¡Bam! Sus palabras me golpearon como una tonelada de ladrillos. Literalmente, *nunca había siquiera considerado* que no amamantar era una opción. Dejé de hacerlo y en pocos días, me enamoré de la maternidad. Finalmente podía ser la madre que quería ser para mi hijo, en vez de seguir siendo un desastre lloroso, frustrante y ordeñado.

Por cada mujer como Sharon que valientemente terminó su matrimonio, hay otra que valientemente decide seguir en él. Por muchos años se creyó que la elección más valiente que una mujer podía hacer cuando su esposo la engañaba era dejarlo y salir adelante por sí misma, sobre todo por la vergüenza de que la asociaran con el divorcio. Sin embargo, Esther señala en su nuevo libro *The State of Affairs: Rethinking Infidelity*, que ya no es el divorcio el que lleva el estigma. En estos días, decidir *quedarse* si la pareja ha sido infiel está mucho peor visto. Y sin embargo, para algunos puede ser la decisión correcta. "Las mujeres tienen todo tipo de motivos para decidir que esta única experiencia no será el factor determinante en una relación de décadas, y deberían ser capaces de hacerlo sin temor a ser juzgadas por todos a su alrededor", dice.

Es valiente respetarte a ti misma lo suficiente para decir no a algo que no quieres hacer, en especial si significa decepcionar a una amiga o a un ser querido. Es enloquecedor que esto sea tan difícil a veces, ¿cierto? Nuestro entrenamiento de niña perfecta que nos impele a ser útiles y adaptables a toda costa es muy difícil de sacudirse de encima. ¿Cuántas veces has aceptado ir a una fiesta, formar parte de un comité o un consejo, hacer trabajo voluntario en la escuela de tu hijo, prestarle dinero a alguien de tu familia o hacerle un gran favor a una amiga que en el fondo no quieres hacer? Se requieren agallas para ser capaz de decir (con amor y respeto): "Perdón, pero no tengo tiempo para hacerlo ahora", y mucho más agallas para decir: "Gracias, pero no", sin la disculpa o excusa (todavía sigo trabajando en eso...).

Cuando tienes el condicionamiento de "perfección o morir", es valiente salir y hacer algo cuando no estás segura de tener éxito. Sue Lin trabajó durante meses en la escritura de un nuevo programa de comedia y estaba aterrada de enviarle el correo de presentación al comprador de contenidos de Netflix por miedo a derrumbarse si la rechazaban. Pero rezó y oprimió "enviar" de todas formas. Marissa estaba aterrada de comenzar a salir con hombres de nuevo después de su divorcio, pero aun así escribió un perfil y se unió a un sitio de citas en línea. Ella sabía, como todas sabemos, que no hay garantías, pero también que tenía 100 por ciento más de probabilidades de conocer a alguien saliendo a la luz que quedándose en casa viendo un maratón de *Downton Abbey*.

El fondo de todo es que debemos reestructurar la valentía como un acto más allá de lo unidimensional. Es amplia, compleja y específica de un contexto —esto es, una persona puede ser audaz en un área pero no en otra. Puedes ser audaz y fiera en tu espíritu emprendedor, pero tímida para salir con alguien, o sentirte perfectamente cómoda invirtiendo en la bolsa de valores, pero jamás en un millón de años te subirías a un parapente. He dado pláticas y discursos frente a decenas de miles de personas, pero el pensamiento de pararme para cantar con el karaoke en la fiesta de una amiga me aterroriza a muerte.

También es profundamente personal. Para algunos, dejarse caer de un risco a rapel es la cosa más valiente imaginable; para otros, es dar un discurso frente a una veintena de personas. Los soldados que pelean en el campo de batalla son valientes; también lo son las mujeres que luchan por el derecho al control de la natalidad y la elección reproductiva. Los primeros en responder para salvar vidas son valientes; también lo son las mujeres que arriesgan su sustento para denunciar un abuso sexual a manos de hombres poderosos. El senador John McCain fue valiente el septiembre de 2017 cuando cruzó la frontera de su partido político para alzarse en favor de lo que creía; también lo fue Shonda Rhimes cuando hizo que las parejas interraciales fueran la norma en sus innovadores y exitosos programas de televisión.

Todo eso es valentía y todo importa.

Valientes como mujeres

No es coincidencia que nuestra sociedad haya adoptado la frase "ella tiene pelotas" como un cumplido nefasto cuando una mujer hace algo audaz o con agallas. La implicación, por supuesto, es que los testículos de los hombres son el núcleo de la valentía y el poder. Bueno, así como no necesitamos ser como los hombres para ser valientes, en definitiva tampoco necesitamos ser como ellos para tener éxito. Éste es un viejo y agotado pensamiento que ya he superado con creces.

No es actuando como un hombre la manera en que realmente llegamos a algún lado. En el trabajo, aun cuando las mujeres adoptan las mismas estrategias para avanzar en su carrera, siguen ganando menos. Hemos escuchado una y otra vez acerca del doble juego que enfrentamos: si no somos tiernas, cálidas y amables, no le agradamos a nadie; pero si lo somos, entonces se nos cierran los puestos de liderazgo. Nos condenan si somos confiadas, francas y valientes, y nos condenan si no lo somos. Estudio tras estudio muestran que cuando las mujeres despliegan rasgos "masculinos" estereotípicos, como rudeza o dominio no verbal (por ejemplo, mirar a alguien a los ojos cuando hablamos), pueden recibir fuertes represalias. La receptividad a que las mujeres exhiban un comportamiento asertivo en el sitio de trabajo simplemente no existe. Quisiera agregar, "por ahora". Confío en que si nos vamos hacia atrás y comenzamos a reprogramar a los niños cuando son pequeños y eliminamos los comportamientos de género del pasado, comenzaremos a cambiar esto en las nuevas generaciones.

Pero ¿qué pasa con nosotras aquí y ahora? Para escapar a este doble juego, tenemos que volvernos valientes no como los hombres, sino *valientes como las mujeres.* Tenemos que decir al carajo con las reglas y definiciones tradicionales, y hacerlo a nuestro modo, porque sabemos que nuestras contribuciones son tan, si no es que más, valiosas. Es momento de poner en acción nuestras fortalezas en vez de ocultarlas, no importa cuán "masculinas" o "femeninas" pensemos que somos. ¿Las mujeres son más emocionales que los hombres? Maravilloso. Yo digo que esto es un activo, no un pasivo, y los estudios lo respaldan. Por mencionar sólo uno de muchos ejemplos, un reporte de PriceWaterhouseCooper y el Crowdfunding Center reveló que las mujeres son 32 por ciento más exitosas para generar fondos a través del financiamiento colectivo que los hombres.[1] ¿Por qué? Porque están acostumbradas a usar un lenguaje más emocional e inclusivo en sus presentaciones, que es más atractivo para los inversionistas que los clichés de metáforas deportivas y de guerra y el típico lenguaje parco de los negocios.

Lo mismo ocurre con las mujeres y los riesgos. Sí, por lo general las mujeres tienen más aversión al riesgo que los hombres. Pero donde tú pudieras decir "tímidas", yo diría "inteligentemente cautas y consideradas". Hay una razón por la que muchos especularon que la crisis económica nunca hubiera sucedido si hubiera habido un Lehman Sisters (y no Lehman Brothers) dirigiendo el asunto.

Hemos pasado demasiado tiempo tratando de descubrir cómo entrar al juego siguiendo las reglas escritas por los hombres. Eso tiene tanto sentido para mí como intentar explorar territorios desconocidos siguiendo el sendero de alguien más. No podemos ser únicas si copiamos la fórmula de otros, como tampoco podríamos tener éxito si lucháramos de acuerdo con la definición que otra persona tiene del éxito. Y, en serio, ¿qué caso tiene tener éxito siguiendo las reglas de alguien más?

Tenemos que cambiar nuestro enfoque y hacer las cosas de una manera auténtica. Ser valientes como mujeres se trata de tomar decisiones basadas en lo que queremos y en lo que nos hace felices, no en lo que otros esperan o quieren para nosotras. Si ser senadora o estar en la lista de *Fortune* de los quinientos CEO son tus verdaderas metas, ¡maravilloso! Pero no tienen que serlo. Así como no hay una forma "correcta" de ser valiente, no hay una definición universal del éxito.

Mira, sabemos que los prejuicios contra las mujeres existen; en el trabajo, en la política, en todas partes. Existen verdaderos desafíos estructurales para las mujeres. No tiene caso negarlo. De los quinientos mil servidores públicos elegidos en Estados Unidos, 79 por ciento siguen siendo hombres

blancos. ¿Eso significa que no debas postularte porque eres
una mujer de piel morena? Por supuesto que no. Significa que
debes aceptar los retos, reconocer que puedes fracasar, y *hacerlo de todas formas.*

No estoy diciendo que sólo te esfuerces más para lograr
tus metas. Lo que estoy diciéndote es que no permitas que el
miedo te impida ir por ellas. Te estoy diciendo que no te rin-
das antes de intentarlo. Si tienes éxito, éste será todavía más
dulce porque fue impulsado por el coraje y por una pasión
genuina. Y si no, puedes desilusionarte, pero seguirás sintiéndote orgullosa, porque será lo que Carol Dweck llama un "fracaso honesto".

Hemos recorrido mucho camino, pero la verdad es que
todavía pasará un rato antes de que veamos grandes cambios
en el panorama de la equidad de género. Ésa es la mala noticia. La buena noticia es que la forma en que respondemos y actuamos de cara a estos obstáculos depende de nosotras. Creo
que debemos dejar de tratar de luchar por el poder, respeto y
oportunidades de otras personas, y en vez de eso hacerlo valientemente por nosotras mismas.

No me malentiendas: creo que debemos seguir presionando tan fuerte como podamos por el cambio cultural. No
está bien que nuestras niñas crezcan en un mundo que les
dice que tienen que morirse de hambre para cumplir con un
estándar de belleza poco realista, o que obtener una licencia-
tura en programación de computadoras o decir lo que piensan es dominio exclusivo de los varones. Tenemos que crear
un mundo mejor para ellas y para nosotras mismas, y creo
que lo haremos definiendo la valentía en nuestros propios
términos, una causa, una meta, un fracaso, un hot dog en un
mundo de princesas a la vez. Lo hacemos cultivando la valentía que vive dentro de cada una de nosotras.

5. ¿Por qué ser valiente?

Si lo piensas, casi todo lo que vale la pena en la vida requiere valentía. La valentía es cuando intentamos hacer esa vigésima voltereta lateral que victoriosamente logramos después de fallar diecinueve veces. Es lo que nos manda a la universidad o lejos de casa, donde no conocemos a nadie, lo que nos anima a perseguir una pasión en nuestro primer trabajo. La valentía nos permite emprender un negocio, cambiar de carrera, o pedir el salario que merecemos. Nos deja ser lo bastante vulnerables como para pedir ayuda y nos auxilia para reunir la fuerza a fin de perdonar a alguien que nos hizo daño. Nos inspira a ser generosas y a apoyar a otras mujeres sin temer que eso nos haga menos.

Como Winston Churchill dijo una vez: "El valor es la primera de las virtudes humanas, porque hace que todas las demás sean posibles".

La valentía hace que enamorarnos sea posible. Se necesita coraje para permitir que alguien vea tu verdadero yo, con todo y defectos, y para aceptar a alguien más, que es igualmente imperfecto. Como me dijo Esther Perel, la valentía nos permite ser vulnerables y recíprocas, lo que a su vez fortalece las relaciones. "A veces la gente hace las cosas equivocadas y lastiman los sentimientos de otros... ser capaz de decir lo que piensas o decir: 'Metí la pata, lo siento', requiere valentía", dice. "La valentía es la capacidad de verte a ti misma como un ser que tiene defectos y aceptarlo sin hundirte al instante en la vergüenza. También es la habilidad de experimentar alegría por las grandes cosas que le suceden a otra persona, aun cuando no tengan nada que ver contigo."

La valentía transforma *todas* nuestras relaciones maquilladas y barnizadas en honestas, crudas y reales. ¿Cuán a menudo somos honestas —realmente honestas— con nuestras amigas? Sólo al construir tu musculatura de valentía, la fachada se derrite y se establecen verdaderas conversaciones de corazón a corazón. Tengo una pandilla de siete amigas desde la Escuela de Leyes. Nuestras vidas se aceleraron y nos vemos sólo una o dos veces al año, pero cuando lo hacemos es como si el tiempo no hubiera pasado. Hablamos de temas profundos que nos conciernen —los abortos espontáneos, las sacudidas en nuestros matrimonios, los temores que cargamos y que nadie más nunca ve. Se necesita coraje para abrirse así a otros seres humanos, pero es un privilegio tener este tipo de espacio fiable para ser totalmente abiertas y reales.

La valentía nos hace ser mejores padres y madres. Cuando abandonamos las expectativas poco realistas acerca de nosotras mismas, entonces nos relajamos naturalmente con nuestros hijos. Cuando dejamos de obsesionarnos por las calificaciones o las tareas de nuestros hijos, les ayudamos a ver la alegría de aprender. Les enseñamos con el ejemplo cómo perseguir la excelencia sin hacer que el tema sea la perfección, y que el mundo no terminará si se equivocan o fracasan. Es valiente permitir que nuestros hijos sean exactamente quienes son y hagan lo que aman, *aun si tú no estás de acuerdo con sus decisiones.* Serán más felices y más saludables por ello, incluso, y tú lo serás también.

Esto puede sonar un poco cursi, pero la valentía nos ayuda a convertir nuestros sueños en realidad. No me importa si tu sueño es ser un alto directivo, renunciar a tu trabajo o comenzar un negocio, ser una bailarina de hip-hop, salir con tu familia, trabajar en un santuario animal, correr en un maratón, regresar a la escuela, publicar una novela, casarte y tener hijos, o dejar tu impronta en el mundo a través del activismo: la valentía te ayudará a llegar de un punto a otro.

Olvídate de cultivar el perfecto, pulcro exterior; ésa es sólo una fachada endeble que se vendrá abajo en cualquier momento. Cuando desarrollamos nuestra valentía, realmente estamos a salvo porque ahora podemos manejar cualquier obstáculo que encontremos en el camino. La valentía no garantiza que todo vaya a funcionar, sólo que estaremos bien si no ocurre así. No importa qué demonios enfrentemos, la valentía nos permite ser fuertes y *seguir adelante.* La valentía —y no la perfección— es la única y verdadera armadura que existe.

La valentía nos mantiene a flote cuando de otra manera nos hundiríamos. Como todas sabemos, hay cosas malas que ocurren en la vida que no podemos controlar. Perdemos empleos, enfrentamos crisis de salud, perdemos a seres queridos, duras realidades que no podemos evitar. Pero cuando los verdaderos tiempos difíciles nos golpean, son mucho más fáciles de superar cuando nuestra musculatura de valentía es fuerte. No estoy sugiriendo que los retos que enfrentamos no parecerán a veces crueles, injustos y desalentadores. Pero estoy diciendo que podemos reconocer esos sentimientos y (aquí radica la parte valiente) aun así persistir.

Más que nada, la valentía nos libera. Nos da el poder de reivindicar nuestra voz y dejar atrás lo que nos hace infelices para ir por lo que brilla en nuestras almas. Nos permite ver que nuestros gloriosos, defectuosos, desordenados, verdaderos yos son, de hecho, la verdadera definición de la perfección.

PARTE 3

Dale un beso de despedida a la niña perfecta: la ruta hacia la valentía

Una mañana temprano transitaba por el aeropuerto JFK en Nueva York, de camino a una importante conferencia en Atlanta. Como me había levantado de madrugada para llegar al aeropuerto —y como tenía que ir directo al evento en cuanto aterrizara— me puse unos grandes rulos en el cabello y ahí los dejé, planeando quitármelos en cuanto tocáramos tierra. Cuando pasaba por el control de seguridad, veía a la gente mirándome a mí y a mi cabeza llena de rulos gigantes, y no tuve otra opción que reír. Debí haberme visto un poco ridícula, pero ¿sabes qué? *No me importó.* Tuve un momento de absoluto aturdimiento cuando me di cuenta de que el no importarme lo que pensaba la gente se había transformado de ser algo que practicaba deliberadamente a ser un hábito automático.

Es hora de que hagamos de la valentía un hábito permanente. Y lo vamos a hacer en la forma en que nos entrenamos a nosotras mismas para dejar atrás cualquier mal hábito y reemplazarlo con uno bueno: primero tomando consciencia del comportamiento que debes cambiar (buscar la perfección), tomar la decisión de cambiar (abrir este libro) y después reemplazar en forma consciente y repetida los viejos comportamientos y actitudes por unos mejores. Eventualmente, los nuevos y mejores hábitos se arraigan tanto en ti que se convierten en una forma natural de ser.

Las estrategias de estos capítulos están aquí para ayudarte a hacer exactamente eso. Son una colección de consejos, ideas y prácticas que he reunido tanto de expertos como de mi propio camino para salir de la perfección y entrar en la valentía (una, y otra, y otra vez...) para ayudarte a desarrollar o reforzar tu hábito de ser valiente. No intentan ser una receta de "cómo ser valiente"; no hay una forma única para ello. El significado de ser valientes es personal para cada una de nosotras, así que quiero que elijas, decidas y adaptes las estrategias que te parezcan más relevantes y que te hablen de lo que más necesitas. Si decir "no" te causa ansiedad, puedes concentrarte en los consejos del capítulo ocho, "Haz a un lado la necesidad de complacer". Si el miedo al rechazo es lo tuyo, ve directo al capítulo siete: "Atrapada en el intento".

Para quienes quieran aprender cómo construir una hermandad femenina de fortaleza que apoye a otras mujeres en forma personal y significativa, el capítulo nueve habla de cómo podemos unirnos para jugar por el Equipo Valiente. Y para quienes todavía no estén convencidas de que sobrevivirán a un fracaso o a un error grave, den un vistazo a los consejos del capítulo 10, "Cómo sobrevivir a un gran, estrepitoso fracaso".

En cada capítulo encontrarás varias actividades diarias que puedes hacer en cualquier orden, tan a menudo y cuando tengas tiempo. Al igual que sucede con cualquier tipo de ejercicio, mientras más las practiques, más fáciles se volverán, y muy pronto descubrirás que el grillete de hierro de la perfección se aflojará, y que el zumbido de la valentía estará tomando el control.

No te preocupes, no te pediré que camines por un aeropuerto con tu cabeza llena de rulos (a menos que quieras hacerlo), pero te prometo esto: ¡no hay nada más excitante que la descarga de adrenalina que sentirás una vez que comiences a practicar pequeños actos de valentía!

6. Construye una mentalidad valiente

Yo no nací valiente. De hecho, de niña era bastante tímida y temerosa, hasta el último día del octavo grado, cuando un grupo de arpías intolerantes fueron muy lejos.

El sol brillaba ese día, y había una brisa cálida. (¿No hace siempre un día hermoso justo antes de que algo horrible pase?) Se estaban distribuyendo los anuarios y la excitación de la graduación estaba en el aire. Yo estaba recargada contra una pared hablando con mi amiga Phu cuando ellas me rodearon —las originales chicas pesadas— abucheándome y llamándome "haji". Se reían histéricamente, molestándome y retándome a pelear. Sí, una verdadera pelea a puños.

Primero puse los ojos en blanco. Como miembro de una de las pocas familias indias en mi vecindario, estaba acostumbrada a que me acosaran. Muchas mañanas estuve parada fuera de mi casa ayudando a mamá y a papá a limpiar los restos de huevo o basura aventados en nuestro pórtico la noche anterior. Una vez, alguien pintó con aerosol "indios feos, váyanse a casa" en un costado de nuestra casa. Mientras mi papá y yo recogíamos los pedazos de cáscaras de huevo de nuestro césped, me pregunté si esto era lo que él había imaginado para nosotros. Mis padres llegaron a Estados Unidos como refugiados, huyendo de un brutal dictador en Uganda. Les dieron noventa días para irse, o les dispararían ahí mismo. Sin embargo, de alguna forma, a pesar de toda la violencia que han presenciado, mamá y papá siempre eligieron mostrar amor y bondad.

Atesoraron su libertad en Estados Unidos y se integra-
ron. Papá cambió su nombre de Mukund a Mike, y mamá calladamente ignoró los insultos acerca de su *sari* y su *bindi* que
enfrentó en el Kmart local. Resistieron en silencio tales indig-
nidades, grandes y pequeñas, y todo el tiempo nos urgían a mi
hermana y a mí a hacer lo mismo.

Yo solía escuchar. Hasta que fue demasiado. Estaba can-
sada de ser obediente y callada. Así que cuando las niñas me
dijeron que me reuniera con ellas esa tarde después de la escuela para pelear, las miré directo a los ojos y dije que sí.

Cuando sonó la campana de salida, Phu me agarró y trató de arrastrarme hacia el autobús: "Vámonos, Resh, no tienes
que hacer esto". Dios, yo tenía tantas ganas de subirme a ese
autobús escolar, pero no podía. Sabía que me darían una paliza. Sabía que no iba a ser David contra Goliat ni una escena de
Karate Kid. Literalmente, no tenía oportunidad de ganar esa
pelea. Yo era sólo una pequeña niña india, cuyos padres hindúes le habían enseñado la práctica de la no violencia. Pero no
podía permitir que esas niñas me hicieran correr y esconder-
me. Así que fui a la parte trasera de la escuela, y ahí estaban,
armadas con una raqueta de tenis Wilson, un bat de beisbol y
una bolsa de plástico llena de crema para afeitar.

Incluso antes de que pudiera poner mi mochila en el
suelo, el grupo de arpías malditas vino hacia mí. Todo lo que
escuchaba eran los gritos y risas de una multitud de especta-
dores —esto es, casi todos los alumnos de octavo grado— que
se había reunido detrás de ellas. Unos nudillos me golpearon
en el ojo, y me desmayé casi inmediatamente. Cuando volví
en mí unos momentos después, las niñas se habían ido, dejando sólo las latas de crema de afeitar y bolsas de plástico vacías.

A la mañana siguiente desperté adolorida y aterrada. El
hermoso vestido de encaje negro y azul que planeaba usar

para mi graduación ese domingo ahora combinaba con un gran ojo morado. Pero el dolor físico no era la peor parte. Estaba avergonzada. Para mí, el ojo morado significaba que había fracasado en mi integración, en ser aceptada por mis compañeros. No sabía cómo entraría a esa ceremonia con la cabeza en alto. Pero sabía que si *no* iba, siempre me acobardaría. Mi graduación era un gran punto de inflexión para mí. Al presentarme a la ceremonia, tomé la decisión de ser yo, y serlo completamente, incluso si eso significaba reconocer que había fallado en ser aceptada.

Así que me hice un peinado alto y me pinté los labios de rosa y decidí que iba a *lucir* ese ojo morado. Mi graduación resultó ser mi primera fiesta que terminó en fracaso. Y, honestamente, fue la mejor decisión que pude tomar. Me sentí más audaz, fuerte y orgullosa que nunca ese día, sabiendo que era mejor caminar por ahí con un ojo morado que con un corazón lleno de arrepentimiento.

A la larga el ojo morado se desvaneció y, tristemente, durante un largo tiempo, la remembranza de cómo me sentí en esa graduación se desvaneció también. Pensarías que esa experiencia de juventud me habría cambiado fundamentalmente, pero con los años, el recuerdo quedó enterrado bajo el peso de mi esfuerzo por alcanzar el éxito. No fue hasta ese determinante día de agosto muchos años después cuando algo en mí reventó y dijo: *¡Basta!* cuando recordé cuán liberador había sido enfrentar mis miedos. Ahí fue cuando algo en mí cambió para bien y decidí hacer un compromiso de por vida con la valentía.

He aprendido que cuando se trata de ser valiente, tu mentalidad determina todo. Si en esos tremendos días yo hubiese creído que simplemente no era capaz de ser valerosa —que yo simplemente no era el tipo de chica que puede defenderse contra una manada de niñas despiadadas, o que yo no era el tipo de mujer que renunciaba a la senda de vida que ha elegido para hacer felices a sus padres y perseguir lo que ella realmente quería— entonces hubiese comprobado que esas cosas eran verdad. Pero de alguna manera creí que podía *crecer* para ser la persona valiente y segura que quería ser y, con el tiempo, a través de muchos fracasos y rebotes, tropiezos y pequeñas victorias, lo hice.

Es obvio que no podemos ser valientes sólo con desearlo. No hay una poción mágica, no hay una bala de plata. Y no es que podamos hacer una sola cosa valiente y ya. Es un proceso que tenemos que seguir, día tras día, y requiere práctica constante. Siempre encontraremos nuevos tropiezos y retos más grandes, y para enfrentarlos debemos cultivar una mentalidad específica para que la valentía pueda convertirse en un hábito para toda la vida.

Estrategia: mantén lleno tu tanque

Todas las mujeres que conozco están exhaustas. Hacemos y nos comprometemos a tanto, entre trabajar y ser una mamá, amiga, hija, mentora, guardiana del bienestar de la familia y de mascotas, planeadora de viajes y experta en planificar. Añade a eso el estrés de tratar de hacer todo a la perfección y un arraigado impulso de poner las necesidades ajenas por encima de las nuestras, y tendrás la receta para un grave *burn out*.

Pero aquí está la buena noticia: la era del *burn out* como una medalla de honor ha terminado. Se consideraba fantástico hacer malabares con cincuenta cosas a la vez, trabajar 24/7 aun cuando estábamos de vacaciones o enfermas de gripe, subsistir a base de cafeína y barras energéticas. Ya no más.

Ahora que somos conscientes del precio que tenemos que pagar por esos hábitos desgastantes, la adicción al trabajo está *out* y el bienestar está *in*. Arianna Huffington, probablemente una de las magnates mediáticas más grandes de nuestro tiempo, escribió un exitoso *best seller* acerca del poder del sueño. Es correcto: la quincuagésima segunda mujer más poderosa del mundo, según la revista *Forbes*, está en una misión para probar que uno de los máximos secretos del éxito es dormir lo suficiente. Eso me basta.

No es sólo que la fatiga nos cueste a nosotras y a la economía nacional miles de millones de dólares en productividad perdida (411 mil millones anuales en Estados Unidos, para ser exacta),[1] o que el estrés se haya asociado a serias enfermedades, desde la obesidad hasta problemas cardiacos, o que nos vemos y nos sentimos pésimo cuando nos estamos quedando sin combustible. Como señaló Arianna cuando le dije que estaba escribiendo sobre las mujeres y la valentía: no podemos ser valientes si estamos agotadas.

Tiene razón, claro. No hay forma de que tengas el aguante para tomar riesgos si te sientes sin gasolina. Y maldita sea, es casi imposible reunir el coraje de decir no o intentar algo escalofriante y nuevo cuando estás vacía de energía y tu cerebro está frito. No sé tú, pero cuando estoy exhausta, lo último en que quiero pensar es en salir. Todo lo que quiero es ponerme unos leggins y una sudadera, hacerme una cola de caballo, cambiar mis lentes de contacto por mis gruesas gafas, recostarme en el sillón y escaparme al olvido proporcionado por Netflix. La fatiga y el agobio son asesinos instantáneos de la valentía.

Dejar tu zona de confort exige energía emocional e incluso física, vigor y resistencia; debido a eso, la primera y más esencial clave para cultivar una mentalidad valiente es poner tu bienestar en primer lugar.

Aquí tienes los conceptos básicos:

- *Prioriza tu salud*. Lianna anduvo por ahí con una dolorosa infección en los senos paranasales durante cuatro días porque no tenía tiempo de ir al doctor. Cuando su perro se puso mal de repente y comenzó a vomitar, de inmediato ella dejó todo para llevarlo al veterinario. ¿Te suena conocido? Es una locura cómo muchas de nosotras hacemos a un lado nuestro autocuidado, y no sorprende que muchas terminemos sufriendo de enfermedades autoinmunes, dolor de espalda, depresión o peor. Es valiente decir: *no más.* No más ir al trabajo o encontrarte con una amiga cuando tienes un resfriado de los diablos sólo porque no quisiste decepcionar a nadie. No más sacrificar tus planes de ejercicio o la cita con un médico para adaptarte al horario de alguien más. No ignorarías un bulto preocupante en el hombro de tu hijo, ni dejarías que tu mejor amiga pospusiera su mamografía porque está demasiado ocupada, así que toma una actitud igualmente poderosa para tu propio bienestar. Considera priorizar tu salud como tu primer acto oficial de valentía radical.
- *Tómate ese "tiempo para mí"*. Un estudio nacional en 2012 realizado por el Instituto de las Familias y el Trabajo comprobó lo que intelectualmente todas sabemos que es verdad: las mujeres que tienen el hábito regular de apartar tiempo para ellas están mucho más satisfechas con sus vidas que las que lo posponen. Sólo porque sabemos que relajarse y cargar las pilas es bueno para nosotras no significa que de hecho lo hagas. Decir sí a cuidarte a ti misma suele significar decir no a alguien más en una forma u otra, y para

aquellas de nosotras programadas para pensar que priorizar nuestras necesidades es egoísta, esto es realmente, *realmente* difícil. Pero es también lo que nos hace valientes.

- *Duerme en serio.* Voy a aventurarme a adivinar que tratas de meter a la fuerza todas las cosas que puedas en tu día, desde levantarte al amanecer para hacer ejercicio y hacerle hot cakes a tus hijos (aunque el cereal estaría perfectamente bien), a quedarte despierta hasta muy tarde contestando correos electrónicos y lavando cada plato sucio. El perfeccionismo nos impulsa a quemar la vela por los dos extremos, pero no te engañes pensando que puedes "arreglártelas" con sólo unas pocas horas de sueño. Los estudios demuestran que necesitas de siete a nueve horas por noche para operar al máximo.[2] Estar descansada no te hará automáticamente valiente, pero puedo prometerte que *no* estar descansada será un gran obstáculo en tu camino.

- *Aprende a meditar.* Los estudios científicos prueban que la meditación encoge la amígdala, que es la parte del cerebro que conduce el autobús cuando nos sentimos amenazadas o asustadas. Por una pequeña inversión de tiempo de diez a veinte minutos al día, literalmente puedes reiniciar tu cerebro para que responda a las complicaciones de la vida cotidiana desde un sitio de calma en vez de desde el miedo.

- *Programa tiempo en el gimnasio.* Ya sabías que esto iba a llegar. Lo siento, pero las estadísticas no mienten: se ha comprobado que el ejercicio mantiene todo a raya, desde el sobrepeso, el estrés, la ansiedad, la enfermedad —los cuales influyen si nos sentimos poderosas o agotadas. Además, nada te hacer lucir más fuerte que

mirarte al espejo y ver una sexy chica guerrera reflején-
dose ahí. (Sólo para que quede claro: estamos hablando de ejercitarte para sentirte saludable, inspirada y
exitosa... ¡*no* para esculpir el cuerpo perfecto! Mantén
los pies en la tierra; tú conoces la diferencia.) Como
cualquier gurú del acondicionamiento físico podría
decirte, el secreto de mantener una rutina de ejercicio
es programarla por anticipado, como harías con cualquier cosa importante.

Estrategia: reclama el poder del "todavía"

No soy valiente.
   No soy el tipo de persona que toma riesgos.
   Es sólo que no soy buena para decir que no.
   Declaraciones como éstas son la definición exacta de lo
que significa estar atrapada en una mentalidad fija. Como dije
antes, no dejan espacio para el crecimiento o el progreso; son
sólo un callejón sin salida. Pero mira lo que ocurre cuando
añades una pequeña palabra al final de esas oraciones:
   No soy valiente... todavía.
   No soy el tipo de persona que toma riesgos... todavía.
   Es sólo que no soy buena para decir que no... todavía.
   De pronto, pasas de estar atrapada a ser libre. Creces hacia algo, estás en camino de donde estás adonde podrías estar.
La psicóloga y pionera motivacional Carol Dweck se refiere a
esto como aceptar el "poder del todavía", como opuesto a "la
tiranía del ahora".[3]
   Ese pequeño cambio mental puede tener un fuerte efec-
to, en especial cuando se trata de redefinir los errores. No es
que "no hayas tenido éxito" —es sólo que no has tenido éxito

todavía. Cuando lo ves de este modo, los errores no tienen que convertirse en señales evidentes de limitaciones permanentes o fracasos, sólo son tropiezos temporales. Los intentos menos-que-perfectos no tienen que poner un abrupto final a la historia; en vez de eso, puedes convertir un "lo arruiné" en un "está bien, intenté eso, ahora intentaré algo más".

Veronica Roth, autora de la exitosa serie *Divergente*, me dijo que mientras crecía, no existía una sola área en su vida que no estuviese en contacto con su deseo de ser perfecta. En aquel entonces escribió un borrador que no salió muy bien, y lo dictaminó como "basura". Ahora, se ha entrenado a sí misma para decir: "Este borrador tiene potencial, y sólo necesita arreglos". En otras palabras: "Este borrador no es excelente... todavía".

Ninguna de nosotras es un producto terminado; todas somos un proyecto en desarrollo. La próxima vez que te descubras haciendo una declaración general acerca de las limitaciones, recuérdate eso a ti misma, agrega un "todavía" al final y de inmediato sentirás la diferencia.

Estrategia: haz la prueba del "drama *vs.* sabiduría"

Ser reflexiva es inteligente. Es sabio observar el panorama y ponderar los pros y los contras antes de realizar cualquier actividad que involucre un riesgo. Es cuando pensamos de más, nos preparamos de más y analizamos de más cuando salimos del territorio de la cautela y caemos en el de las trampas.

La frontera entre esas dos zonas está marcada por el miedo. La clave para cruzarla es aprender a reconocer cuando estás siendo sabiamente cauta y cuando te estás convenciendo a ti misma de no intentar algo sólo porque tienes miedo.

Cuando dejas pasar un reto o una oportunidad, pregúntate: *¿Realmente no tiene sentido hacerlo, o no lo estoy haciendo porque tengo miedo y estoy fuera de mi zona de confort?*

O, como lo expone mi brillante *coach*, Rha Goddess: "¿Quién está hablando, tu drama o tu sabiduría?".

Sabrás que es tu sabiduría cuando te sientes en paz con tu decisión. La voz de la sabiduría es serena, con un sentido de autoridad. El drama, por otra parte, tiende a ser un poco trágico, más nervioso y a la defensiva (imagina un perrito chihuahueño culpable y te darás una idea). Si te escuchas a ti misma dando excusas, como si necesitaras explicar tu decisión, o sintiéndote sólo vagamente desilusionada o infeliz, es un signo de que el drama está tomando el control.

A menudo pienso en ello cuando sopeso si quiero volver a postularme para el servicio público. Hasta que comencé a trabajar en este libro, estaba absolutamente segura de que la razón de que ya no iba a hacerlo era porque estaba realizando una mayor contribución con GWC. Pero después de plantearle la pregunta sobre el drama versus la sabiduría a cientos de mujeres, debo concentrarme en mí y preguntarme: *¿Será que de hecho tengo miedo de volver a fracasar?* (El jurado sigue deliberando.)

La próxima vez que estés a punto de dejar pasar algo, aprieta el botón de pausa y pregúntate si quien habla es tu drama o tu sabiduría. Es una gran forma de descartar tus excusas automáticas y ser honesta contigo misma.

Estrategia: busca tu precipicio

¿Qué es lo que más te da miedo hacer? ¿Eso que si tan sólo pudieras hacer, sabrías que haría una gran diferencia en tu vida?

Rha Goddess llama a esa cosa tu "precipicio". Ella dice que todas llegamos a algún precipicio, sea que queramos reconocerlo conscientemente o no. Yo llamo a ese precipicio "mi cosa aterradora". Como sea que lo llames, ella tiene razón en que todas tenemos al menos un reto, un cambio, una maniobra, un sueño que calladamente nos llama y al que tenemos miedo de llevarlo a cabo. He planteado a docenas de mujeres la pregunta acerca de cuál es esa cosa aterradora que harían si pudieran cambiar la situación a su favor en una forma profunda, y las respuestas surgen siempre con rapidez. La cosa aterradora para Jillian es contarle a su esposo acerca de su tremenda deuda oculta. Para Dawn es encontrar un empleo con mejor salario. Para Lissette, el precipicio es perder los cuarenta kilos de más que dificultan su felicidad y su movilidad. Otras mujeres hablaron acerca de terminar relaciones tóxicas, decir a sus hijos mayores que deben irse de casa, atender cuestiones legales, cambiar su carrera o elegir otra senda de vida. Quizá no estemos haciendo esa "gran cosa" (¡todavía!), pero muy en el fondo sabemos lo que es, e identificarla es el primer paso para darnos cuenta dónde estamos atoradas y qué debemos trabajar para vencerla.

¿Dónde está ese precipicio que te estoy invitando a afrontar? Si no estás segura, comienza a buscar dónde está tu zona de confort; como dice Rha, cualquier lugar en donde estás cómoda es un lugar sospechoso. No estoy diciendo que vayas ahí en este momento —o que siquiera lo hagas—, pero entrénate a ti misma para al menos *buscarlo;* canaliza tu mentalidad en la dirección correcta.

Estrategia: pregúntate: ¿qué es lo que más te asusta?

Para mí, algo que se destacó en la Marcha de las Mujeres en Washington en 2016 fueron los letreros de las manifestantes. Había muchos muy ingeniosos, desafiantes, feroces y graciosos (un favorito personal: "Manos pequeñas no pueden construir muros", pero ésa es otra conversación). Ingenios aparte, uno en particular me llamó la atención, hecho por una tranquila mujer de New Hampshire llamada Mara. Es una joven introvertida que odia las grandes multitudes, y aun así asistió para estar entre los ríos de gente que llenaban las calles de Washington ese día. Su letrero decía: "Las multitudes me asustan. Trump me asusta todavía más".

Esto me encantó porque es más que una declaración política. Es una estrategia que podemos usar para ver nuestros miedos desde otra perspectiva: basta desviar nuestra atención de lo que nos asusta sobre tomar acciones, hacia lo que nos asusta sobre *no* hacer algo.

Mi amigo Adam Grant, un psicólogo organizacional y autor de *best sellers* de *The New York Times*, dice que la gente más brillante e innovadora muy a menudo deja las cosas para después o teme tomar riesgos. ¿Qué es lo que mueve a alguien a pasar de sólo incubar una gran idea a sacarla al mundo? Él dice que es el momento cuando el miedo al fracaso es superado por el miedo de no intentarlo. Es cuando se dan cuenta de que aunque puedan fallar, es mejor que dejar de intentar. Sólo imagina lo que podrías lograr una vez que hagas el cambio de preocuparte por si quedarás en ridículo a preguntare si un día lamentarás nunca haberlo intentado.

"Se trata de hacer un viaje mental en el tiempo", dice Adam. "Ser capaz de viajar mentalmente diez años en el futuro es una de las habilidades humanas más útiles. Tal vez ahora ser rechazada o fracasar puede parecer incomódo, pero incluso más incómodo podría ser que alguien te mire dentro de diez años como una persona que no estuvo dispuesta a perseguir una ambición. El viaje mental en el tiempo te ayuda a desligarte de las consecuencias inmediatas de tomar el riesgo y pensar en él en perspectiva: *¿Qué pesará más? ¿La punzada de fallar o el dolor de lo que pudo haber sido?*".

Para mí, el cambio llegó a los treinta y tres años. Yo siempre pensé que había mucho tiempo para postularme para el servicio público, pero un día desperté y me di cuenta: *Mierda... ya no soy tan joven.* El pensamiento de postularme me asustaba, pero la idea de quedarme sin tiempo para hacerlo me asustaba todavía más. El temor al arrepentimiento puede ser un motivador poderoso.

Igual que la envidia. Tengo una amiga que es una increíble escritora. Tomó un empleo como profesora de periodismo, pero lo odia; todo lo que quiere es convertirse en autora. Cada vez que alguien escribe un libro que ella piensa podría haber escrito, siente una puñalada en el corazón. Aunque la tortura de leer cada domingo el *New York Times Book Review* no era divertido para ella, la incitó para comenzar finalmente a trabajar en su propio libro.

La autora Veronica Roth, quien sufrió ansiedad a causa de una paralizante inseguridad en sí misma toda la vida, a la larga tuvo qué preguntarse qué era más aterrador: salir al mundo o sofocar su voz. "Lo aterrador de escribir es abrirte a la crítica y ser vulnerable ante los extraños, pero para mí era más importante crecer como escritora que evitar las críticas", me dijo.

Conocí a una mujer llamada Lauren que se preocupaba porque sus hijas al crecer evitaran los retos sólo porque tenían miedo. Así que aunque la sola idea de ir a navegar por los rápidos con ellas la aterrorizaba, lo hizo. La idea de dar a sus hijas un ejemplo de una persona miedosa la asustaba más que ponerse un traje de neopreno y subirse en esa balsa.

Cuando te estrellas contra una pared de miedo, en vez de enfocarte en lo que te asusta, trata de dar un paso atrás y preguntarte: *¿Cuál sería el costo si no hago esto... y qué ruta me asusta más?*

Estrategia: sigue tu propio consejo

Cuando estás analizando qué hacer al enfrentarte a un reto u oportunidad "aterradores", pregúntate qué consejo le darías a alguien que estuviera en esa situación. Aquí tienes otro sencillo pero muy útil consejo de Adam Grant: "En general, tomamos mejores decisiones para los demás que para nosotros mismos", explica Adam. "Todo lo que necesitamos es darnos una o dos razones para no hacerlo y rendirnos. Pero si estamos aconsejando a alguien más, podemos dar un gran paso atrás y discutir las razones fundamentales por las que debe o no debe hacerlo."

Por ejemplo, imagina que te piden hacer una presentación en el trabajo que te saca de tu zona de confort. Quizá la audiencia es mucho más grande de lo que estás acostumbrada, o la idea de hablar en público ante los clientes te hace sudar frío. Si depende de tu propia racionalización, podrías llegar a la conclusión de que no vale la pena y negarte.

Ahora imagina que a una buena amiga tuya le pidieron que hiciera la presentación y te pregunta qué piensas que debería hacer. Puede ser que no le dijeras: "Ay, pues mira, no... olvídalo". Podrías hacerle ver que es una gran oportunidad para que intente algo nuevo, para superar su miedo, o para hacerse más visible en el trabajo. Le mencionarías los pros y los contras, quizás hasta le sugerirías algunas estrategias que la ayudaran a sentirse más segura.

Es sorprendente qué fácil es darle ánimos a la gente que queremos para que sea valiente, ¿cierto? Y más sorprendente todavía es lo que ocurre cuando hacemos lo mismo con nosotras mismas.

Estrategia: fíjate retos diarios de valentía

Un día, una niña exploradora de Washington, D.C., llamada Alice Paul Tapper, notó que los chicos en su clase de cuarto grado levantaban la mano mucho más a menudo que las niñas.[4] Le molestaba ver que ellas se quedaban calladas y adivinó que esto se debía a que tenían miedo de que sus respuestas estuvieran mal lo cual las haría sentirse avergonzadas, o que les preocupaba no ser capaces de captar la atención del maestro. Junto con su grupo de niñas exploradoras, Alice creó la insignia "Alza la mano" para alentar a las niñas a usar su voz. Las niñas se la ganaban prometiendo alzar la mano en la clase y animar a otras niñas a que lo hicieran. Desde entonces, la insignia "Alza la mano" ha tenido éxito y se ha extendido a los grupos de niñas exploradoras en todo Estados Unidos.

Si Alice y cientos de otras niñas de diez años pueden practicar la valentía a diario, nosotras también podemos. No puedo prometer que te daré una insignia por tu esfuerzo, pero sí que con cada reto de valentía que enfrentes, esa musculatura se hará más fuerte.

Como explica la doctora Meredith Grossman, una de las mejores formas de modificar lo que pensamos y creemos es cambiar lo que hacemos —algo como cambiar de fuera hacia dentro. Es difícil creer que alguien es sincero sin haber tenido la experiencia real de presenciarlo; verlo en acción te dará la prueba. Puedes esforzarte en convencerte de que no perderás el respeto de tus compañeros de trabajo para siempre si dices algo estúpido en una reunión, pero hasta que realmente digas algo que no sea tan brillante y veas que nada horrible sucede, no creerás que es verdad.

No hay otra ruta establecida para "volverse valiente" que no sea tomar acciones una y otra vez que refuercen la valentía y no el miedo. Es por eso que te reto a elegir una estrategia cada día de los capítulos siguientes, y llevarla a cabo. Lo he dicho antes, pero vale la pena repetirlo: la valentía es un músculo, así que mientras más lo trabajes, más fuerte se volverá. Al practicar a diario la valentía cuando estás en suelo firme, te preparas para sobrevivir a los grandes, inesperados retos que la vida sin duda arrojará en tu camino.

7. Atrapada en el intento

A veces la mejor forma de no tener miedo es entrar directo en la hoguera del miedo. Tuve mi primera probada el último día del octavo grado, cuando me enfrenté a esa pandilla de arpías que querían darme una paliza sólo por ser morena, y de nuevo cuando ignoré a la élite política que me decía que no era mi turno y que debía formarme al final de la fila. Entré en esa hoguera cuando intenté embarazarme otra vez después de tres devastadores abortos espontáneos, cuando lancé Girls Who Code aun cuando no tenía idea de la programación, y en cientos de pequeñas formas cada día desde entonces. Practicar así la valentía en mi vida cotidiana me ha permitido dar un paso al frente y enfrentar mis grandes miedos cuando lo necesité.

Enfrentar mis miedos me permite ir tras lo que quiero y hacer lo que pienso que es correcto, aun cuando no todo está perfectamente alineado o tiene garantía de funcionar. Como dije antes, en palabras de mi mentora Hillary Clinton, prefiero ser atrapada en el intento que no probar. Las estrategias de este capítulo te ayudarán a aprender a sentirte cómoda con tu propia imperfección —y sí, incluso con el fracaso— para que puedas dejar de tenerle miedo. Es probable que hayas escuchado alguna versión del adagio de que la valentía no es la ausencia de miedo, sino actuar frente a él. Porque cuando enfrentas tu miedo, le quitas su poder. Ésa se convierte en el arma secreta que te permitirá escapar a la tiranía de la perfección e ir tras lo que realmente quieres.

Estrategia: pide retroalimentación

Para las niñas y mujeres que buscan la perfección, la retroalimentación crítica es una arpía despiadada. Si alguien nos da una evaluación no tan elogiosa, nos marchitamos por dentro y de inmediato caemos en la espiral de "soy una inútil". Lo tomamos como una crítica permanente de nuestro carácter. Es enfermizo, desmoralizante y totalmente brutal.

El antídoto no es evitar las críticas, sino de hecho fomentarlas. Sí, leíste bien: quiero que exijas una retroalimentación fría, dura e inalterable. Y *no* cuando sabes que has sobresalido en algo, sino cuando sabes que todavía tienes mucho por mejorar. Es una especie de terapia radical de exposición para desensibilizarte. Sí, por un instante puede sentirse como una patada en el estómago, pero te prometo que mientras más lo hagas, vas a descubrir rápidamente que la retroalimentación crítica no te lastima tanto como pensaste que lo haría. A la larga, se convierte en una clase de adicción positiva: ahora de hecho me encanta recibirla porque me conduce hacia mi siguiente reto.

Recientemente hablé en un mitin justo después de la mujer que me había ganado la elección para defensora pública, quien resultó ser una oradora increíble y sabe cómo encender a la multitud. Llovía a cántaros, mi hijo había estado jalando de mi manga todo el día para captar mi atención, y yo estaba especialmente agotada por el viaje; para ser honesta, había estado dando tantos discursos públicos que realmente no había pensado mucho en lo que iba a decir. Me decía: *Todo estará bien. Yo sé hacer esto.* Después de hablar, me subí al auto con mi esposo y le pregunté cómo lo había hecho. Él me miró y dijo: "Creo que lo hiciste pésimo".

¡¿Qué?!

—Estuviste en un dos, tal vez en un tres, de diez —me dijo (como puedes ver, no nos reservamos nada en nuestra relación).

En ese segundo, no tomé a bien esa declaración de "amor rudo" —en especial porque había sido doloroso enfrentar a la mujer que me había ganado en la elección. Y sin embargo, agradecí en serio su honestidad. ¿Qué bien me haría que él me dorara la píldora y me dijera que había estado fantástica cuando no había sido así? Durante las semanas que siguieron, pensé mucho y en serio en cómo me había colocado en mi zona de confort al hablar en público y cómo podía mejorar mi participación en los mítines. Ahora estoy entusiasmada por reconocer que aun cuando actualmente estoy en el cenit de mi carrera, todavía puedo (y debo) encontrar formas de mejorar.

La clave para esta estrategia no es solamente soportar la retroalimentación, sino buscarla activamente todo el tiempo, en todas partes, de cualquier persona —*en especial* cuando no quieres oírla. Hace poco di un discurso frente a cuatro mil personas y me llevé una ovación de pie. Me sentía muy bien por eso y no quería que nada lo arruinara, pero incluso así le pedí a mi equipo que me evaluara. ¿Por qué? Porque aun los mejores discursos siempre pueden mejorarse. Incluso hago esto en mi vida personal; cuando mi esposo y yo tenemos una discusión y las aguas se calman, le pregunto cómo podía haberme comunicado mejor.

Angela Duckworth, autora del exitoso libro *Grit* (*El poder de la pasión y la perseverancia*), identificó el coraje de aceptar la retroalimentación como uno de los cuatro factores críticos para desarrollar agallas. Quienes tienen agallas están buscando mejorar constantemente, así que preguntan: "¿Cómo lo hice?". Angela señala a los grandes atletas como ejemplo. Piensa en alguien como Michael Jordan o Michael Phelps; ¿cómo llegaron a ser tan buenos? Primero, se enfocaron por completo en lo que querían mejorar. Después practicaron... y practicaron... cien por ciento concentrados. Pero el otro componente clave es que pidieron retroalimentación. Tuvieron el coraje de enfrentar el hecho de que no eran perfectos —de preguntar cómo y dónde no lo estaban haciendo bien... todavía— para pulirse y mejorar. Eran los vanguardistas de su disciplina, y estaban apasionados por eso.

Cuando te presionas más allá del punto en donde te sientes cómoda y buscas mejorar, le estás disparando a todos los blancos. Es cuando entras en ese mágico estado psicológico conocido como "fluir". El secreto para llegar a ese bendito estado es reunir el coraje para escuchar la retroalimentación, la cual te señala la siguiente área a mejorar, y la siguiente, y la siguiente. Mientras más lo hagas, más fácil se vuelve, y más rápido pasarás de sentir que la crítica te patea el estómago a sentirte agradecida y empoderada por ella.

Invitar a la crítica te permite atreverte a estar consciente de tus propias imperfecciones y ser tolerante con ellas. Primero tolerancia, después aceptación y después, aunque no lo creas, alegría.

Estrategia: rodéate de rechazo

Los niños y los hombres no son tiranizados por el fracaso. Como fueron entrenados desde chicos a sacudírselo y seguir adelante (una caída de las barras, un experimento científico que estalla, una invitación a salir que es rechazada...), los errores y el rechazo se les resbalan de una manera que la mayoría de las mujeres sólo puede envidiar. Nuestro entrenamiento de la niña perfecta nos ha mantenido a salvo y aisladas del doloroso aguijón del rechazo y el fracaso, pero como sabes, también ha debilitado nuestra resiliencia en la vida adulta. Una forma de reconstruir nuestra resiliencia y sacarnos el aguijón del rechazo y del fracaso es hacerlos normales.

Cuando Shaan era un bebé, nuestro pediatra nos dijo que evitáramos el uso excesivo del desinfectante para manos y lo expusiéramos a tantos gérmenes como fuera posible para desarrollar su inmunidad. En una forma muy parecida, podemos inmunizarnos a nosotras mismas contra el rechazo exponiéndonos a él. En otras palabras, no te ocultes del rechazo: ¡aduéñate de él!

Todavía tengo pegada en el refrigerador la carta original de rechazo de la Escuela de Leyes de Yale junto a la carta de rechazo de la junta comunitaria. Tirarlas les hubiera dado mucho poder sobre mí. Pero mirarlas desde arriba, sin embargo, volvió a situarme en el asiento del conductor. Todos los días me recuerdan ser valiente y seguir adelante.

Mientras más me expuse al rechazo, menos me aterrorizó. No voy a mentirte: siempre he tenido, soterrada, la fantasía de vivir-bien-es-la-mejor-venganza; soñaba que un día les mostraría a esas personas lo que era capaz de lograr; eso dio a mi motivación un poco de ventaja extra.

Despliega con orgullo tus rechazos; son una marca de tu valentía. Habla de tus rechazos, tus errores y tus metidas de pata, e invita a tus amigos y colegas a hacer lo mismo. Lee tantas historias como puedas acerca de gente famosa y exitosa que sobrevivió a los rechazos, como Stephenie Meyer, cuyo manuscrito de *Crepúsculo* fue rechazado por veinte editoriales antes de encontrar una, o Steve Jobs, que fue despedido de Apple. Sus tropiezos no los destruyeron, y tampoco destruirán los tuyos. De hecho, te liberarán.

Estrategia: entiende bien tus señales del miedo

Lo irónico de sentir miedo es que noventa y nueve por ciento de las veces es una falsa alarma. Nuestro sistema nervioso fue diseñado para mantenernos a salvo de los depredadores, así que cada vez que sentimos miedo, nuestro cerebro primitivo piensa que estamos a punto de ser atacadas, y envía la señal para que salgamos corriendo como perseguidas por mil diablos.

El problema, por supuesto, es que tu sistema nervioso no distingue la diferencia entre el peligro aparente y el real. Tu corazón puede estar golpeando y tus palmas pueden cubrirse de sudor —señales claras de tu cuerpo de que estás en peligro— pero en una forma realista, enfrentarte a tu jefe literalmente no te va a matar. El fin del mundo que tanto tememos casi nunca sucede. Es improbable que tu amiga deje de serlo para siempre si olvidas llamarla cuando su mamá salió del hospital. Es improbable que pierdas tu empleo si llegas tarde a una junta. Hay muy pocas posibilidades de que el futuro de tu hijo quedará irrevocablemente destruido si envías por accidente un correo electrónico a su maestra burlándote de ella, en vez de enviárselo a tu esposo (sí, yo lo hice, y no, Shaan no fue boletinado).

Cuando tenemos el impulso de ser perfectas, cualquier pequeña falla o error disparará la alarma y nos hará correr. Lo que queremos hacer es entrenarnos a nosotras mismas para reconocer que, la mayor parte del tiempo, debemos ignorar la alarma porque no es una señal de auténtico peligro. No hay ningún tigre persiguiéndote —es tu moderna ansiedad.

Amo este consejo que la doctora Meredith Grossman da a sus pacientes: haz lo opuesto de lo que tu ansiedad te está diciendo que hagas. Tu ansiedad *siempre* te está gritando que corras, te escondas, te agaches. ¡Así que no lo hagas! Si te está diciendo que no asistas a ese evento donde puedes establecer relaciones porque te sentirás incómoda, ve. Si te está urgiendo a que te pases horas limpiando tu departamento antes de la visita de tu suegra, haz una limpieza ligera y déjalo así. Si te está diciendo que evites a toda costa hacer el ridículo, escribe alguna tontería en tu página de Facebook y publícala. Es tan liberador ver que, honestamente, a nadie le importa. Y si les importa, bueno, ¿realmente te importa?

Busca cualquier cosa que te haga sentir incómoda y hazla. Llega diez minutos tarde sin deshacerte en disculpas. Manda un correo electrónico poco importante con una falta de ortografía. Ponte una blusa manchada. Sal de casa sin lucir lo mejor posible. Ponte una falda sin afeitarte las piernas ese día. Dile a una amiga que te sientes insegura. Practicar la imperfección no tiene que ser súper difícil ni grandioso. No tienes que mandar a tu jefe al diablo o hacer un escándalo mayor en público. Hazlo en formas poco riesgosas para que puedas ver que eres capaz de tolerar el estrés. Todas las microacciones que tomamos para probar que nuestra ansiedad no es una narradora confiable cuentan. Esto construye el camino para una mayor tolerancia a la imperfección y, a su vez, abre la puerta a la valentía.

Estrategia: comienza antes de estar lista

Esto es lo que suele pasar por nuestras mentes cuando tenemos una gran idea:

Wow... eso sería increíble.

Debo hacerlo.

¡Definitivamente voy a hacerlo!

Espera... pero ¿qué pasa con...?

No sé cómo...
No puedo hacer...
Probablemente sea una idea estúpida.

Casi tan pronto como surge una idea brillante, esa molesta voz en tu cabeza comienza a soltar todas las razones por las que no deberías llevarla a cabo: lo que podría salir mal, cómo puedes fallar, cuán arrogante te mostrarás por intentarlo, y qué estúpida te verás cuando te caigas de bruces. Para cuando terminas de escuchar, te has convencido de no intentarlo.

El truco para acallar esa molesta voz es *sólo empezar.*

No importa si no sabes absolutamente todo lo que debes saber ahora para hacer un trabajo —sea dirigir una compañía o convertirte en mamá. La mayoría de la gente no lo sabe. Honestamente, no estoy bromeando. Van aprendiendo sobre la marcha. ¿No sabes cómo cambiar un pañal? Ya aprenderás. ¿No estás segura de cómo manejarás a treinta empleados? Ya lo descubrirás. Siempre lo haces, ¿cierto?

Desde todo punto de vista, yo nunca debía haber emprendido la organización GWC. Recuerda que no tenía idea de cómo programar, nunca había trabajado en la industria de la tecnología o iniciado una organización no lucrativa. Pero no podía sacarme de la cabeza la ausencia de caras femeninas en las clases de tecnología que visité durante mi campaña. Así que hice algunas llamadas para pedir el consejo de algunas personas en las que confío. Luego unas más, y unas más. Pasé un año reuniéndome con cualquiera y todas las personas que pude para aprender sobre la industria tecnológica y cómo enseñar a las niñas. Hoy GWC es una organización mundial que ha enseñado a más de noventa mil niñas que tienen lo que se necesita para estudiar una carrera en tecnología, pero no te engañes de que su fundadora sabía lo que estaba haciendo cuando comenzó.

Cecile Richards, la formidable expresidenta de Planned Parenthood, estuvo a punto de no aplicar para el puesto. Dijo que su falta de seguridad en sí misma le recordaba a cada momento que nunca había hecho nada tan grande antes, y que tenía una larga lista de todas las cosas que no sabía hacer. Pero, como ella misma dijo: "Seguí adelante y lo intenté de todas maneras. Si esperas hasta que todo se alinee, estás fuera".[1]

La próxima vez que tengas la idea de un proyecto, en vez de convencerte a ti misma de dejarlo o posponerlo para "algún día", sólo comienza el proceso modestamente: haz una llamada, compra el URL, escribe el primer párrafo, concerta una reunión para hablar con gente en la que confías para conocer su opinión. No tienes que enfrentar todo al mismo tiempo. Hasta fechas muy recientes, yo solía tener mucho miedo de bajar una pendiente en mi bicicleta. Cada vez que llegaba a una colina alta, me la saltaba y después me sentía mal. Entonces me analicé y vi que mi vieja programación para la perfección estaba al manubrio: si iba a andar en bicicleta, maldita sea, ¡entonces lo iba a hacer perfectamente! Pero ¿a ver, en serio, por qué tienes que enfrentarte a la ENORME colina? ¿Por qué no puedes comenzar con una pequeña pendiente, dominarla y partir de ahí?

Ya no más esperar hasta estar "lista". Como dijo Cecil Richards, si estás esperando a que las estrellas se alineen perfectamente, esperarás siempre. Nunca tendrás el currículum idóneo, o la experiencia, o la guardería inmejorable para tu hijo, o el guardarropa. No existe un momento ideal para comenzar, así como no existe una versión perfecta de ti.

Sólo ataca primero la pequeña colina para que tengas la energía de moverte en la dirección correcta y ver adónde te lleva. Lo peor que puede pasar es que te caigas. ¿Y qué? Si no das esos primeros pasos, siempre te preguntarás qué fue lo que te perdiste. Es mucho mejor caer en el intento que nunca intentarlo en absoluto.

Estrategia: elige el fracaso

Sí, leíste bien. Quiero que *elijas* el fracaso, o al menos la probabilidad de que ocurra.

En el mundo de las *start-up*, no te toman en serio si no has tenido cuando menos un fracaso colosal. El lema no oficial de Silicon Valley es "Fracasa lo antes posible y a menudo". Casi nadie lo logra a la primera, segunda o incluso tercera vez. El fracaso se hornea en el proceso de innovación; es así como aprenden lo que no funciona para poder descubrir lo que sí. Por eso el mundo de los negocios valora los fracasos seriales como los del billonario y fundador de Tesla, Elon Musk, quien fue destituido como CEO de su propia compañía, lo despidieron de PayPal cuando estaba en su luna de miel y ha tenido que lidiar con múltiples fallas críticas (y explosiones) en sus cohetes SpaceX. El fracaso te muestra que tienes lo que se necesita para ejecutar, dar vueltas, estrellarte y quemarte, y recuperarte.

La mayoría somos expertas en sopesar los pros y los contras de una oportunidad. Una mujer que conozco, que trabaja como profesionista independiente, pasa *días* debatiendo si debe tomar un proyecto (y vuelve locas a la mayoría de sus amigas en el proceso). Cuando nuestro meticuloso análisis muestra que podemos fallar, no elegimos esa opción: nuestra programación para la perfección nos apremia a buscar una garantía de éxito u olvidarlo. Recientemente he recibido muchas llamadas telefónicas de mujeres que están pensando en postularse para el servicio público, en busca de consejo. Siempre les digo que lo intenten, aun si —*especialmente si*— sus oportunidades de ganar son pocas, porque lo que importa es el valor de la pelea.

Antes de ser senadora, Elizabeth Warren era profesora de Derecho en Harvard y especialista en bancarrotas que se convirtió en activista. Comenzando en 1995, se involucró en una campaña monumental para detener un proyecto de ley que intentaba imposibilitar declararse en quiebra a las familias trabajadoras de clase media en riesgo financiero. A pesar de sus esfuerzos en encabezar uno de los más grandes cabildeos de la historia, perdieron la batalla de décadas cuando la ley se aprobó en 2005.

Pero como ha dicho la senadora Warren, no se arrepiente de haberse metido en esa pelea. Ahora como líder de la lucha por mejorar el sistema de atención a la salud en Estados Unidos, le da el crédito a su derrota anterior como un invaluable campo de entrenamiento. A través de esa experiencia, aprendió cómo pelear efectivamente por lo que cree, conseguir aliados poderosos e incubar nuevas ideas —una de las cuales a la larga se convirtió en el Buró de Protección Financiera al Consumidor. Ese fracaso le ayudó a pulir su voz y fortalecer su valentía, virtudes que imagino le sirvieron mucho cuando se convirtió en senadora de Estados Unidos y ganó celebridad enfrentándose al presidente.

Así que sigue adelante y haz tu cálculo de riesgo, como siempre haces. Sólo que la próxima vez, incluso si parece demasiado alto, hazlo de todas maneras (por supuesto, siempre que no te ponga a ti o alguien más en serio peligro). Te prometo que el fracaso no te quebrará. Muy en el fondo lo sabes. Aquí está tu oportunidad de probártelo a ti misma.

Estrategia: haz algo para lo que seas pésima

Recuerdo la primera vez que intenté algo que no se me daba fácil. Fue en la clase de gimnasia en el sexto grado, y traté de hacer una voltereta lateral. Todas las otras niñas parecían ser capaces de lanzar sus delgadas piernas al aire y ejecutar un hermoso, gracioso giro. Pero yo no era una niña delgada, y mi único, torpe intento se parecía más al salto de una rana que una voltereta lateral. Cuando me puse en pie, vi a mis compañeras muertas de risa y escuché a una de las niñas populares decir, con una mueca: "Eso fue patético". Me ardían las mejillas de vergüenza, y ahí mismo decidí que ésa había sido mi primera y última voltereta lateral.

Incluso ahora a los cuarenta y dos años, descubro destellos de esa misma vergüenza si no puedo hacer algo con gracia —en especial cuando me estoy comparando con otras que parecen poder hacerlo. Justo esta mañana fui a mi clase de *spinning* y noté que no estaba haciendo todos los movimientos tan bien como la mujer que estaba al lado. De inmediato comencé a juzgarme a mí misma, a sentirme mal, a querer rendirme. Pero no lo hice, principalmente porque estoy comprometida a fortalecer mi musculatura de valentía en cada oportunidad que tenga (y un poco porque estoy comprometida a mantener mi trasero al norte de mis rodillas). Cuando me siento superada —sea en una clase de acondicionamiento físico o hablando frente a algunas de las mentes más brillantes en la rama de la tecnología— no me doblego. No retrocedo ni me escondo, aunque quiera hacerlo.

Hacer algo en lo que eres poco más que pésima es otra forma de desarrollar tolerancia por la imperfección y, a la vez, revivir la alegría que la perfección pudo haber estrangulado. Eva, una mujer que conocí, me contó que durante años se había etiquetado a sí misma como una infame cocinera. Casi todo lo que intentaba se quemaba o sabía horrible. Frustrada y derrotada, lo abandonó. Esto es, hasta que se convirtió en mamá y su hija de cinco años le pidió que hiciera *brownies* caseros para la venta de la escuela. Los *brownies* salieron pastosos y crudos, pero valió la pena para Eva por el recuerdo que construyó con su hija ese día riendo y lamiendo la masa de las aspas de la batidora.

Titubear y luchar para lograr algo nuevo no sólo es divertido; también cambia tu cerebro para bien. Literalmente podemos reprogramar nuestros cerebros y aquello de lo que somos capaces, lo que a su vez expande lo que *creemos* que podemos lograr. Un famoso estudio de los taxistas de Londres mostró que aprender el trazado de veinticinco mil calles de la ciudad aumentó notablemente el área del cerebro que controla su memoria espacial.[2] Pero no necesitas tomar una enorme curva de aprendizaje para obtener el beneficio; los estudios han revelado que la materia gris aumenta después de practicar algo nuevo sólo dos veces.[3]

Si eres una pésima cocinera, haz la cena (y eso no significa pedirla por teléfono). Si no eres la persona más coordinada del mundo, ve a un gimnasio a entrenar o a una clase de baile (ve la siguiente sección: "Toma un reto físico"). Si tienes dos pulgares izquierdos, intenta pintar o tejer. Si sigues pensando: "Soy mala en matemáticas", aprende a programar (visita www.khanacademy.com). Créeme, ¡nada te enseñará a tolerar errores más rápido que la programación!

Probablemente sea el momento de que vuelva a intentar la voltereta lateral.

Estrategia: toma un reto físico

Yo estaba confundida. Sentada con el séptimo grupo de mujeres que había reunido para hablar de perfección y valentía, descubrí que ninguna de las cosas que ellas estaban diciendo coincidía con otra información que había escuchado. Cuando saqué a relucir el tema del rechazo, dijeron que eran capaces de sacudírselo al no tomarlo personalmente. ¿Fracaso? De nuevo, no era una gran cosa para ellas; a veces ganas, a veces pierdes. ¿Miedo de tomar riesgos? No realmente, porque lo peor que podía ocurrir era que lo arruinaran y sólo lo intentaran otra vez.

Entonces comprendí. Este grupo de mujeres en particular trabajaba en la industria del acondicionamiento físico en una u otra área, desde entrenadoras o modelos hasta CEO de una importante cadena deportiva nacional, y cada una de ellas había crecido como atleta. Les pregunté acerca del efecto que eso tenía y sin dudarlo, todas dijeron que practicar un deporte cuando fueron niñas les había dado una resiliencia que las ayudaba en su vida cotidiana como adultas.

Resulta que empoderar tu cuerpo empodera tu valentía. Se ha demostrado que los deportes son una forma invaluable de que las niñas desarrollen su autoestima y se alejen de la programación de la niña perfecta. En el campo o en la cancha no hay sitio para ser lindas, corteses, dulces, adaptables, ordenadas y limpias. Ahí es donde se hacen asertivas, competitivas, ruidosas; donde se ensucian, donde no tienen que contenerse y disculparse por su talento, y donde se comunican en modo directo y honesto con el interés de formar un equipo unido. Resulta que incluso dominar una actividad física es una *enorme* fuente de valentía. El verano pasado, Maya, mi sobrina de quince años, vino a visitarnos y quería que tomáramos juntas una lección de surf. Yo odio el agua fría (cualquier cosa por debajo de los 30 grados Celsius es fría para mí), ah, ¿y ya mencioné que no sé nadar? Pero como yo no había hecho nada fuera de mi zona de confort en mucho tiempo, le dije que claro, que lo hiciéramos. Yo necesitaba agitar un poco las cosas.

Esa mañana desperté todavía muy entusiasmada de hacer algo nuevo y atemorizante. Cuando llegamos a la playa, me puse el traje de neopreno y me sentí poderosa. Adoré la energía súper relajada de los surfistas, ya que por lo común soy bastante tensa. Tuvimos una breve lección en la playa y todo iba bien hasta que entré al agua. De pronto me sentí aterrorizada y comencé a pedirle a John, mi instructor, que me dijera todas las formas en que una persona podía morir mientras estaba surfeando, y acabé rogándole que me llevara de regreso a la playa. Él no quiso ni oírlo.

Así que entré al agua y acostada en la tabla, con los brazos remé un poco por fin. El siguiente reto era incorporarme de un salto para pararme en la tabla, lo que significó caerme al agua una y otra vez. Estaba irritada, frustrada y empapada con agua salada hasta la nariz y los ojos me ardían... pero continué. Las olas se estrellaban contra mí, sin embargo resistí, y John siguió diciéndome que *yo* lo estaba haciendo "¡Maravilloso!". Créeme, yo no me sentía maravillosa. *Realmente* quería rendirme.

Llegó un momento en que miré a mi izquierda a mi sobrina, que es una atleta, así que por supuesto era un talento natural para desplazarse sobre las olas. Entonces miré a mi derecha y vi —no es broma— a un niño de ocho años parado de manos en su tabla. Me sentí como una idiota temblando y maldiciendo como un marinero, aferrada a mi tabla por mi vida. *Vamos, Reshma*, pensé. *Esto es ridículo. ¡Te has enfrentado a cosas más difíciles que ésta!* Ya había llegado tan lejos y no iba a dejar ese océano hasta que pudiera pararme en esa tabla de una forma u otra.

Cuando llegó la siguiente ola, salté con mis dos pies y estuve parada unos diez segundos hasta que me caí. ¡Fue *emocionante*! Lo intenté otras cinco veces, y nunca pude estar de pie más de diez segundos, pero no me importó.

¿Que si lo haría otra vez? Seguro. Adoré el reto y el hecho de que no fue fácil para mí. De hecho, *quiero* regresar y aprender cómo pasar la primera barrera del miedo en mi mente, sin mencionar que es endiabladamente divertido. Fue una experiencia increíble, no porque logré pararme en esa tabla (en realidad no lo hice), sino porque no me rendí. No puedo recordar un día en el que me haya sentido tan libre y feliz.

No tienes que intentar el surf para obtener esa misma descarga de adrenalina, cualquier acto físico de valentía te llevará ahí, mientras sea algo a la vez desafiante y lejos de tu zona de confort. Inscríbete a una carrera de 5 kilómetros, haz un viaje en bicicleta, sube una gran montaña, corta leña con un hacha, aprende a patinar en hielo, escala una pared bajo techo, toma una clase de zumba... lo que más miedo te dé, ése es tu boleto. Aun si cuando niña pasabas tu tiempo leyendo en vez de corriendo, no tengas una pizca de coordinación óculo-manual, o jamás hayas tenido éxito en ejecutar una voltereta lateral (soy culpable de todo lo anterior), no es demasiado tarde.

Créeme, si yo puedo pararme en una tabla de surf, todo es posible.

Estrategia: usa tus manos

Cada vez que Shaan tiene un nuevo juguete para armar, mi primer impulso es decirle a mi esposo que él lo construya.

Incluso si abro la caja y comienzo el proceso, enseguida me frustro porque tardo mucho en entenderlo. Hola, entrenamiento de la niña perfecta... si no puedo hacerlo bien inmediatamente, me voy de aquí.

Lo mismo le pasa a Dimitra. Ella trabaja en la industria de la tecnología, pero si su laptop se descompone, *ipso facto* recurre a su novio para que la arregle en vez de hacerlo ella misma. Kate, una mamá soltera enteramente capaz y competente, me contó que tiene una crisis de impotencia cada vez que un aparato eléctrico se descompone en su departamento: "Es como si me convirtiera en un ama de casa de la década de 1950", afirma.

Este tipo de tareas se ha convertido en territorio masculino, en parte por las viejas, obsoletas actitudes acerca de lo que las mujeres pueden y deben hacer, y en parte porque, como mujeres, nunca nos enseñaron a sentarnos con la frustración y el reto que requiere la mayoría de las tareas mecánicas. Después de todo, nuestra sociedad anima a los chicos a intentarlo y a seguirlo intentando aun si es complicado, pero deja a las niñas fuera, así que nunca nos ponen realmente en situaciones donde nos digan que debemos resolver. Es el mismo fenómeno que vemos en nuestras clases de programación; cuando la sociedad les está diciendo a las niñas que no son buenas en algo, no tienen la motivación para persistir y trabajar para resolver el problema. Más tarde, esto colorea todo, desde armar un escritorio IKEA a manejar un auto de velocidades. Tan arraigada está nuestra aversión a la frustración que no sólo creemos que *no podemos* hacer estas cosas: ¡ni siquiera queremos intentarlas!

No seas una damisela en apuros. Construir o arreglar algo con tus propias manos te da poder. ¿La computadora o el teléfono se descomponen? En vez de pedirle a alguien inmediatamente que lo arregle por ti, llama al soporte técnico y (con calma y paciencia) sigue los pasos para solucionar el problema. ¿Tienes que instalar el nuevo asiento infantil de tu hijo en el auto, pero las instrucciones te confunden? Encuentra un tutorial en YouTube y hazte cargo del problema tú misma (consejo: ahí puedes encontrar un video instructivo para casi cualquier tarea). Empodérate con las nociones básicas para evitar caer en antiguos comportamientos impotentes: asegúrate de tener el número de asistencia en el camino en tu teléfono en caso de que tu auto se descomponga (no, el teléfono de tu esposo o de tu papá no cuentan); date una vuelta por tu casa y revisa las baterías de los detectores de humo; reúne los manuales de funcionamiento de los aparatos eléctricos y ponlos todos en un sitio donde puedas encontrarlos cuando algo deje de funcionar.

Aprende cómo revisar la presión de aire de tus neumáticos (*antes* de que uno reviente); investiga dónde hay una carpintería o inscríbete en un taller para saber cómo trabajar la madera; aprende a manejar un taladro y coloca una repisa en tu casa; instala esa cafetera que ha estado en su caja desde que la compraste.

Si te frustras en el proceso, recuérdate a ti misma que no estás intentando ganarte una estrellita de oro. Lo que cuenta es hacerlo.

8. Haz a un lado la necesidad de complacer

El año pasado me invitaron a dar una plática en una importante convención de la industria de la tecnología. Esto fue poco después de que se filtrara un infame (y maliciosamente inexacto) memo de un empleado de Google de por qué las mujeres son biológicamente inadecuadas para trabajar en tecnología, y más o menos en el tiempo en que estaba emergiendo la primera ola de acusaciones que encendieron el movimiento #MeToo, así que la feminista en mí estaba sobrecargada. Creo que los hombres que organizaron la convención esperaban que yo diera una amable y alegre plática acerca de las chicas y la programación, pero yo sentía que estábamos en un momento demasiado importante como para ignorar lo que estaba ocurriendo a nuestro alrededor. Así que en vez de lo esperado, me subí al podio y hablé sobre cómo no era suficiente para nosotras enseñarle programación a las niñas, que para nivelar el campo de juego, Silicon Valley debía hacer cambios fundamentales en su cultura y enfoque sexistas.

Cuando terminé de hablar no escuché grillos exactamente, pero tampoco obtuve un estruendoso aplauso; y mi sección de preguntas y respuestas que se supone que seguiría fue misteriosamente cancelada. Detrás de bambalinas, quedó claro que los organizadores del evento no estaban felices con mi participación. Pensaban que mi plática había sido inapropiada y que me vi muy enojada (bueno... oye). Sólo digamos que hay más de una probabilidad de que no me inviten para el año próximo.

En los días que siguieron, yo estaba molesta. Realmente me enojaba cómo me habían presionado para alinearme, y resentía el bloqueo pasivo-agresivo que creía sería mi castigo por atreverme a ser una mujer enojada. Aún más irritante fue la idea de que jamás hubieran reprendido a un hombre por ponerse rudo y decir lo que pensaba (de hecho, quizá le hubieran aplaudido). Pero más que nada, si soy honesta, estaba molesta porque no les había caído bien.

Le conté a mi *coach* ejecutiva lo que había pasado, y ella dijo algo que realmente me sorprendió: "El trabajo aquí no es descubrir por qué no les caíste bien, o quién tiene la razón y quién no", me dijo Rha. "Es practicar cómo estar conforme con la idea de que hay algunas personas que te entenderán y otras que no... *y eso está bien.*"

Uy.

Literalmente nunca se me había ocurrido que está perfectamente bien si algunos no me entienden o no les caigo bien; ellos no son mi gente. Hay muchas otras personas que me entienden, que están en sintonía con quien soy y para qué estoy aquí.

Mientras más cómoda te sientas con hacer, decir y estar contigo misma, menos quedarás atrapada en lo que otros piensan de ti. Las estrategias en este capítulo son herramientas poderosas para ayudarte a rechazar la necesidad de complacer. La ironía es que cuando te liberas de la necesidad de caerles bien a todos siempre, despejas el camino para que "tu gente" —quienes te entienden— gusten de ti todavía más, por las razones precisas.

Estrategia: confía en ti misma

Nuestro entrenamiento de niña perfecta nos ha enseñado que ser adaptable significa que estamos de acuerdo con hacer lo que alguien más sugiere que hagamos, aun si muy en el fondo sabemos que no es lo que queremos. Aceptamos consejos que no estamos seguras de que sean buenos, compramos los costosos zapatos que nuestra amiga dice que *debemos* tener (aun cuando realmente no podamos costearlos y que sabemos que nunca los usaremos), decir lo que nuestro jefe piensa que debemos decirle a un cliente, aunque no lo sintamos genuino —a menudo porque es mucho más fácil estar de acuerdo que lastimar los sentimientos ajenos al decir que no.

Al inicio de su carrera, la actriz Bridget Moynahan estaba preparándose para una audición a fin de obtener un gran papel, con la ayuda de un compañero de su clase de actuación. Cada retroalimentación que él le daba la hacía sentir mal, pero como él había tenido éxito en conseguir trabajos, ella pensó que él sabía lo que estaba haciendo. De manera que siguió sus instrucciones —y no le dieron el papel. "Fue un momento decisivo sobre tener confianza en mí misma", dice Bridget. "Para mí, ése es un elemento clave de la valentía. Tienes que confiar en ti misma, ya sea en cómo representar un papel o enamorarte de nuevo aun cuando te rompieron el corazón. Tienes que confiar en que estarás bien, que tienes algo que ofrecer, sabiendo que sobrevivirás a pesar de que no salga bien."

Esa estrategia es sutil pero crucial. Requiere que pongas atención en lo que tu intuición te está diciendo, preguntarte si estás diciendo que sí sólo por ser agradable, y estar consciente de cuándo le estás cediendo a alguien más tu poder de decisión. Ignorar los deseos de otros y escuchar a tus instintos es un importante acto de valentía.

Estrategia: me importa un carajo

Preocuparnos por lo que los demás piensan de nosotras es un hábito. Desear la aprobación ajena está tan arraigado en nosotras que a menudo no nos damos cuenta de cuántas de nuestras acciones y decisiones están vinculadas con esa necesidad. Una forma de romper este hábito es buscar historias de mujeres que hicieron y dijeron lo que querían, sin importar lo que pensaran los demás.

En otras palabas: tenemos que buscar conscientemente audaces y fabulosos ejemplos de mujeres a las que *les importa un carajo.*

Busco estas historias cada vez que puedo en las noticias, en las anécdotas que me cuentan mis amigos y compañeros, en los libros que leo. Literalmente las colecciono y conservo archivos mentales y reales como inspiración. En realidad no es tan difícil, porque si miras a tu alrededor, verás muchos de estos ejemplos en todas partes, todos los días.

Nunca olvidaré el respeto que sentí en la década de 1980 viendo a Madonna romper todos los tabúes sin pedir disculpas, mientras se retorcía en el escenario usando ornamentos religiosos, o el asombro que sentí en 2016 cuando vi a Beyoncé comandar una formación de bailarines con boinas de Black Panther y hacer un saludo al estilo del Black Power en el espectáculo de medio tiempo del Súper Tazón. La comediante Amy Schumer suele decir lo que quiere, sin importarle si escandaliza a alguien. Frances McDormand hizo añicos las normas del refinado glamour de Hollywood y aceptó el Globo de Oro de 2018 por Mejor actriz con cero maquillaje y el cabello enmarañado, y después dio un salvaje y contundente discurso de aceptación del Oscar en apoyo a las mujeres de la industria cinematográfica. Durante una audiencia del Comité de Servicios Financieros de la Cámara de Representantes, la congresista Maxine Waters se negó a dejar que el secretario del Tesoro Steven Mnuchin arruinara su línea argumentativa con halagos, presionándolo para que él diera respuestas y declarando que ella "sólo reclamaba su tiempo". Kiran Gandhi escandalizó al mundo cuando corrió el maratón de Londres en 2015 dejando que su flujo menstrual chorreara libremente, y después hizo una declaración en contra de quienes se burlan de los procesos fisiológicos del cuerpo femenino. Caitlin Jenner hizo pedazos la leyenda del ganador del decatlón Bruce Jenner para proclamar orgullosamente su auténtica identidad de género, justo en la portada de *Vanity Fair*. Como dije, les importó un carajo.

Y está la indomable Dame Helen Mirren. Aunque hoy es famosa por su valiente candor, ése no siempre fue el caso. Cuando una reportera le preguntó qué consejo le daría a su yo más joven, ella contestó que ése sería no ser tan "malditamente cortés" y decir "vete al carajo" más seguido.[1]

No tienes que estar de acuerdo con estas mujeres, y ni siquiera tienen que caerte bien (a ellas no les importa si te caen bien o no, de todas maneras). Pero sí tienes que admirarlas por preocuparse más por lo que es importante para ellas que por lo que las otras personas piensan.

Comienza a adquirir el hábito de encontrar ejemplos de mujeres a las que les importa un carajo lo que piensen los demás. Es una forma poderosa de entrenar a tu cerebro a enfocarse menos en lo que otros piensan y más en quién y qué quieres ser.

Estrategia: pregunta: "¿y después qué?"

Nuestro profundo deseo de ser queridas es completamente humano, una reliquia de días prehistóricos cuando ser aceptada (y por lo tanto protegida) por tu clan literalmente significaba la diferencia entre la vida y la muerte.

Sin embargo, ahora en el siglo XXI, tu supervivencia rara vez está en juego sólo porque alguien piense que eres un fastidio. Así que, ¿por qué las mujeres necesitamos con desesperación ser queridas?

Cada una de nosotras tiene sus propias razones para necesitar que los demás nos quieran y acepten, las cuales son alimentadas por temor a lo que pasaría si no lo hacen. Piensa en un área específica en tu vida donde más te importa que te acepten (pista: suele ser el espacio en donde te tuerces como pretzel para ser agradable/divertida/adaptable, o sonríes cuando en realidad quieres ponerte a gritar). Tal vez es en el trabajo, o en el área de juegos, con tus suegros o tus hijastros, con empleados o figuras de autoridad, en relaciones románticas o amistades.

¿Ya tienes algo en mente? Bien. Ahora pregúntate: *¿Qué temes exactamente que pase si esta persona/esta gente no te acepta?* Por ejemplo, "Tengo miedo de que si no les caigo bien a las mamás de los compañeros de escuela de mi hijo, no lo van a invitar a jugar", o "Si mis empleados no creen que soy increíble y maravillosa, no trabajarán tan duro para mí".

Ahora ve más profundo. Lleva la situación a lo peor que podría pasar, preguntándote: "¿Y después qué?". Por ejemplo:

Tengo miedo de que mi novio se molestará conmigo si le digo que estoy enojada.

¿Y después qué temes que pase?

Terminará conmigo.

¿Y después qué?

Estaré sola.

¿Y después qué?

A lo mejor no vuelvo a conocer a alguien y terminaré sola para siempre.

Ouch. ¿Ves qué rápido llegamos de cero a cien, lanzándonos al negro abismo de vergüenza, ruina y soledad eterna?

Aquí tienes otras espirales mentales descendentes de la vida real que las mujeres han compartido conmigo:

Tengo miedo de que si no les caigo bien a las mamás de los compañeros de escuela de mi hijo, no lo van a invitar a jugar.

¿Y después qué?

Él no tendrá amigos.

¿Y después qué?

Tendrá una infancia triste.

¿Y después qué?

Terminará consumiendo drogas o deprimido cuando sea adolescente.

Si reprendo a mis colegas por hacer bromas sexistas, seré "esa mujer".

¿Y después qué?

Nadie querrá trabajar conmigo.

¿Y después qué?

Perderé mi trabajo.

¿Y después qué?

Me quedaré sin dinero y perderé mi casa.

Es muy intenso ver por ti misma cuán profundo llega esa programación de "ser aceptada o condenada al infierno" —y, más importante, cuán absurdo es realmente tu escenario de lo peor que puede pasar. Honestamente, ¿él *realmente* te va a dejar si le dices que estás enojada? E incluso si lo hace (además de que es un imbécil que no merece tu tiempo), ¿eso *realmente* significa que morirás sola? ¿Tú hijo *realmente* será castigado con el ostracismo si no les caes bien a las otras mamás y, aunque así fuera, *realmente* se va a convertir en un adicto a la heroína porque no fue a jugar con los niños alfa?

Compramos las narrativas que hemos creado en torno a lo que significa que no seamos aceptadas, pero tenemos que cuestionarnos si son verdaderas. Jugar con estos escenarios te ayudará a reducir el miedo exagerado y a mirarlos a través de la lente de lo que realmente podría ocurrir, en vez de lo que te aterra.

Mira, no estoy diciendo que nunca hay consecuencias. Si tu novio es un imbécil, entonces sí puede terminar contigo. Si tu ambiente de trabajo es verdaderamente sexista, entonces es posible que te pidan que te vayas si protestas por esa situación. Sin embargo, incluso para los peores escenarios posibles, vuelve a preguntarte: *¿Y después qué?*

Sobrevivirás y acudirás a la gente que te acepta, y eso es "qué".

Estrategia: sólo di que no

De verdad tengo un problema con decir no. No quiero que la gente piense que se me han subido los humos, o que soy mala o ingrata en cualquier forma. Cuando comencé GWC, una poderosa mujer de la industria fue una auténtica arpía conmigo, así que prometí que, a partir de ese día, nunca me comportaría de esa manera con nadie.

Así que ahora digo sí todo el tiempo: en el trabajo, a los favores, a cualquiera que me pida unos minutos de mi tiempo para darle un consejo. Le digo que sí a dar pláticas a medio mundo de distancia aunque signifique que acabaré exhausta, y a reuniones de exploración con amigas de mis amigas que podría delegar a alguien de mi equipo. Como tal vez pasa contigo, esto es algo que drena mi tiempo y mi energía y me deja vacía. Es algo que he intentado cambiar arduamente.

Se necesita valor para decir que no —en especial cuando los demás quieren o esperan que digas que sí. Rha Goddess dice que es lo más valiente que una mujer puede hacer, y concuerdo con ella. Todas nuestras tendencias de niñas perfectas están ligadas a decir sí o no a solicitudes: la presión para que seamos adaptables, útiles, amables, desprendidas y poner las necesidades ajenas por encima de las nuestras.

He aprendido a contemplar el decir no como un cálculo de valor. Si me pregunto: *¿Cuáles son las cosas que tienen el valor más alto para mí? ¿Qué se alinea con mi propósito?*, me ayuda a encontrar la línea divisoria entre apoyar a otros pero no en mi propio detrimento. Recuerda el capítulo seis, cuando hablamos de preguntarte "¿Qué es lo que más me asusta?". Ésta es una pregunta válida. Sólo que aquí la pregunta es: "¿Qué estoy sacrificando/no haciendo al decir sí? ¿Qué importa más?".

Las dos prioridades más altas en mi vida son mi familia y lograr un cambio en el mundo. Así que trato —y enfatizo *trato*, porque esto es un proyecto en desarrollo— tomar decisiones que respondan a esas prioridades y decir no a aquellas que no lo cumplan. Resulta que es bastante fácil ver la diferencia; cuando digo sí a actividades alineadas con mi propósito de ser una madre y esposa amorosa, o a reuniones que hacen avanzar la agenda de mi compañía, me siento entusiasmada, llena de energía y de alegría. Pero cuando pasa un día entero y la mayoría del tiempo fue invertido en lo que sólo le importa a alguien más, me siento exhausta y malhumorada. Todas hemos tenido la sensación de llegar a casa después de un largo día sintiéndonos avasalladas por las agendas de los demás, y enojadas por haber ignorado la nuestra. Cuando menos, podemos usar esos días para tomar mejores decisiones acerca de a qué diremos que sí o no a la mañana siguiente, y cómo y a quién dedicaremos nuestro tiempo y energía.

Hace poco recibí un correo electrónico de una mujer invitándome a un evento que había organizado. No la conozco personalmente; ella obtuvo mis datos a través de una organización profesional a la que ambas pertenecemos. Su correo vino en un momento en que estaba hasta el tope de trabajo y de otros compromisos, y no tuve oportunidad de responder. Después recibí su correo de seguimiento, en el cual me informaba, todo con mayúsculas (es decir, gritando), cuán decepcionada estaba de que yo no hubiera asistido, y sugirió que yo había roto algún código tácito de conducta del grupo al que pertenecemos. Mientras lo leía, sólo podía pensar en cómo se me habría revuelto el estómago de culpa y vergüenza si hubiese recibido ese reclamo hace cinco años. No es que adore recibir semejante reclamo ahora, pero después de haber trabajado tan duro para llegar a ser lo bastante valiente como para poner mi agenda en primer lugar, ya no tomo esas cosas de manera personal.

Decir "no" es difícil al principio, no te voy a mentir. Es uno de los retos más grandes que enfrentamos en nuestra ruta hacia la valentía, pero también es el más gratificante. Es notablemente empoderador reclamar tu derecho de ponerte a ti y a tus prioridades por encima del mandato de ser amable en aras de los demás.

Estrategia: pídelo

Si la idea de pedir lo que quieres es agobiante para ti, no estás sola. Nosotras las niñas perfectas tendemos a horrorizarnos ante la idea de parecer insistentes, necesitadas, exigentes, odiosas, mandonas o agresivas. Éstas no son cualidades "agradables". Pero no estás aquí para complacer a todo el mundo; estás aquí para construir tu musculatura de valentía. Así que es tiempo de crear el hábito de pedir.

Comienza con cosas pequeñas, pidiendo cada día algo que esté un poco fuera de tu zona de confort. Si tu comida llegó fría, solicita al mesero que la calienten. Pide a un compañero de trabajo que se tome unos minutos para leer algo en lo que estás trabajando y te dé su opinión. Pídele a una amiga (que pueda hacerlo) que te lleve al aeropuerto. Invita a alguien a quien quieres conocer mejor a tomarse un café contigo. Si te preocupa parecer insistente… no te preocupes. Los estudios muestran que la gente suele verse a sí misma mucho más autoritaria de como otros la ven.[2] Así que tu versión de "insistente" probablemente sea normal para los demás.

Luego tírale a algo más grande. Negocia un mejor precio por un auto. Solicita ese buen puesto. Pide a esa persona especial en tu vida que deje de hacer algo que te saca de tus casillas. Solicita una reunión con alguien que quisieras que fuera tu mentor. Pide esa flexibilidad que necesitas en tu trabajo.

Aquí tienes algunos consejos que he aprendido que hacen que pedir sea más fácil y efectivo:

- *Comienza con "yo".* Por ejemplo: "Yo apreciaría si pudieras darle un vistazo a este reporte" o "yo me preguntaba si quisieras tomar un café conmigo un día". Esto te pone en el asiento del conductor.

- *Sé directa y clara acerca de lo que estás pidiendo.* No te andes por las ramas ni hagas que la persona adivine lo que le estás pidiendo.
- *Sé respetuosa.* Ésta es una señal de fortaleza, no de debilidad. Decir "por favor" y "gracias" demuestra educación y clase.
- *Si tiendes a ponerte nerviosa, practica* antes lo que quieres decir para que no te enredes con las palabras.
- *No ofrezcas automáticamente una salida.* No puedo decirte cuántas veces los empleados me piden algo y de inmediato meten reversa diciendo: "Pero si eso no es posible, está bien". Sólo pídelo y luego quédate callada; deja que la persona conteste por sí misma.
- *No te disculpes por pedir.* Ninguna petición debería empezar con: "Perdón, ¿pero te importaría...?".

Estrategia: persiste a pesar de todo

¿Quién hubiera dicho que Mitch McConnell, entre toda la gente, brindaría a las mujeres ese grito de guerra tan empoderador cuando denigró a la senadora Elizabeth Warren por continuar con sus cuestionamientos en una audiencia, después de que le dijeron que se sentara y se callara? Que los hombres quieran intimidar a las mujeres silenciándolas no es algo que sólo está en nuestra mente.

Como reportó un artículo en *The New York Times:* "Los estudios académicos y las incontables anécdotas dejan en claro que ser interrumpida, que te alcen la voz, ser callada o penalizada por decir lo que piensas es una experiencia casi universal para las mujeres cuando los hombres las superan en número".[3]

A eso respondo: la maquinaria pesada tuvo su momento; ahora es nuestro tiempo.

Por cada vez que te han callado o interrumpido, es tiempo.

Por cada vez que te has sentido demasiado intimidada o asustada por no ser aceptada si dices lo que piensas, es tiempo.

Por cada logro que has minimizado por modestia, es tiempo.

Por cada momento en que has sido amable y te has tragado tu verdad, es tiempo.

Por cada vez que te quedaste callada cuando sabías con cada fibra de tu ser que debiste haber hablado, es tiempo.

Es tiempo de reivindicar tu voz en cualesquiera y todas de las siguientes formas:

- *Si tienes algo que decir, dilo.* Si te interrumpen, *sigue hablando.* Si te dicen que te calles, *sigue hablando.* Si te dicen que eres una "mujer desagradable", da las gracias y *sigue hablando.* Después de ser liberada de pasar siete años en una prisión militar por filtrar documentos clasificados, Chelsea Manning enfrentó una gran presión para que se callara y se fuera. Ella se negó. Para ella, el hecho de que todo el mundo le dijera que no hablara era exactamente la razón por la que creía que debía hacerlo.[4] Amén, hermana.
- *Reclama tu tiempo.* Hace poco me di cuenta de que a menudo apresuro mi discurso cuando me dan un aviso o estoy hablando en un panel porque no quiero tomar demasiado tiempo de la gente. Ninguno de los hombres que he visto en un podio o un escenario lo hace. Ellos extienden sus papeles, se paran o se sientan en una postura más abierta sin preocuparse de hablar mucho u ocupar demasiado espacio, dan un largo

y lento trago de agua, y cuando finalmente comienzan a hablar, se toman los minutos que les da la gana. Así que estoy trabajando en irme más despacio cuando hablo. En honor a la congresista Maxine Waters, reivindiquemos nuestra voz, nuestro espacio *y* nuestro tiempo.

- *Promuévete.* Los estudios revelan que las mujeres que son más proactivas dando a conocer ampliamente sus logros salen adelante más rápido, ganan más dinero y son más felices en general con su carrera. Por ejemplo, se demostró que la visibilidad es el criterio máximo de ascenso en los niveles superiores en Silicon Valley. Tristemente, otros estudios nos dicen que las mujeres se muestran en extremo renuentes a hablar acerca de sus propios logros, debido a esa modestia profundamente enraizada y esa voz que todo el tiempo nos susurra al oído: "No presumas... no es favorecedor". Aquí es donde debemos tomar una página del manual de los hombres, que no tienen problema en difundir. ¿Cerraste un gran trato? Tuitéalo. ¿Te dieron un ascenso? Manda un correo electrónico para que la gente lo sepa y preséntalo al boletín de tu industria para que lo publiquen. Y no te detengas ahí: pídele a otras personas que compartan tus buenas noticias. Cada vez que alguien a quien admiro y respeto me pide que grite las cosas grandiosas que le suceden, me siento feliz de hacerlo, y adivino que la gente en tu vida también lo estará.

- *Escupe la limonada salada.* ¿Recuerdas el estudio que mencioné en el capítulo uno, aquel en el que las niñas se atragantaron con la limonada salada porque no querían que los investigadores se sintieran mal diciéndoles que sabía horrible? Bueno, aquí estamos ya como mujeres adultas y es tiempo de escupir esa limonada. En otras palabras, cuando alguien te dice algo que sabes que está mal, díselo. Si alguien trata de intimidarte para que veas las cosas a su manera, mantente firme. Cuando el abogado de la parte contraria trató de desacreditar a Taylor Swift durante su juicio contra un conductor de radio que le había agarrado el trasero durante una sesión de fotos, ella no lo permitió.[5] Refutando pregunta insultante tras pregunta insultante, lo calló como si fuera su jefa. Mi favorita: cuando él señaló, como si se tratara de una prueba contundente de la inocencia de su cliente, que su falda no se veía desarreglada en ninguna fotografía, ella replicó con calma: "Eso es porque mi trasero está ubicado en la parte de atrás de mi cuerpo".

- *Articula tu convicción.* Como muchas otras mujeres, cuando leí el blog en el que se acusaba al actor Aziz Ansari de acoso sexual por no captar las "señales no verbales" de su cita, me sentí molesta y en conflicto. Casi todas las mujeres que conozco, yo incluida, ha pasado por esa experiencia en la que alguien dijo o hizo algo que nos hizo sentir incómodas y nos quedamos calladas. Desde lo grosero e inapropiado hasta la situación físicamente amenazante en que muchas de nosotras —como la mujer que escribió la historia— nos hemos encontrado al estar con un hombre que nos presiona para hacer algo que no queremos hacer, pero a lo que no nos negamos abiertamente. ¿Por qué ella —o nosotras— no sólo nos levantamos y nos fuimos? ¿Por qué nosotras —o ella— no dijimos lo que pensábamos? Porque nunca nos enseñaron cómo. Nadie nos dijo que estaba bien tener la convicción de decir *no, aléjate, eso fue inapropiado* o *vete al carajo.* Así que aquí estoy para decirte que eso está más que bien. Es tu derecho. La ira "me too" ("yo también") que se ha desatado es producto de décadas de frustración acumulada y vergüenza soterrada por esos momentos. Estamos marchando con horquillas para reclamar ese poder, y ahora tenemos que hacerlo con valentía reivindicando nuestra voz cada vez que ocurre algo así. Se acabó el tiempo, en verdad.

9. Juega en el "Equipo Valiente"

Cuando Shalene Flanagan cruzó como ráfaga la línea de meta para convertirse en la primera mujer estadunidense en ganar el maratón de la ciudad de Nueva York en cuarenta años, hizo mucho más que sólo establecer un récord. Su logro sacó a la luz lo que *The New York Times* llamó el "efecto Shalene Flanagan", que rompió el molde de cada-mujer-para-sí-misma generalizado en el mundo de la carrera profesional. En su lugar, reunió a las atletas femeninas para impulsarse, apoyarse e inspirarse a ganar unas a otras. Como resultado de sus esfuerzos, Flanagan y sus compañeras de equipo ahora están clasificadas como algunas de las mejores corredoras de larga distancia en el mundo y ganan todo; desde maratones hasta medallas olímpicas.

Esto es lo que significa jugar en el Equipo Valiente. Creo con vehemencia que el modo de cambiar el panorama global para las mujeres es apoyándonos e impulsándonos unas a otras a ser valientes de manera personal y significativa. Cuando nos animamos unas a otras a ser valientes y compartimos los resultados —los buenos y los malos—, estamos construyendo una hermandad de fortaleza que nos apoya para realizar actos aún más valientes.

Ser valiente es una poderosa forma de activismo. Cuando das el primer paso y te conviertes en la primera en hacer algo, ya sea ganar un maratón o decirle a alguien que el comentario sexista que acaba de hacer no fue apropiado, esto abre la puerta para que otras mujeres hagan lo mismo. Así es como todas nos volvemos más fuertes, un acto de valentía a la vez.

Estrategia: enseña el desastre detrás de bambalinas

Colgada en una pared de las oficinas de la popular compañía mediática theSkimm hay una copia de un artículo de *Vanity Fair* sobre sus dos fundadoras, Danielle Weisberg y Carly Zakin. Este poderoso dúo de *millennials* sonríe ampliamente en la fotografía, y se ven profesionales, calmadas y seguras. Yo estaba visitando a Danielle y a Carly para hablar acerca de la trampa de la perfección que envuelve a las mujeres, y Danielle de inmediato señaló el artículo en la pared y comenzó a reír. Resulta que aunque las mujeres en la foto proyectaban un aire de éxito sin esfuerzo, todavía estaban en modo de pelea-duro-por-la-vida-de-tu-start-up, y de hecho les habían rechazado su tarjeta de crédito menos de una hora antes.

"Hace poco conocí a una emprendedora de tecnología que dijo que quería odiarnos porque lo hacíamos ver tan fácil", dijo Danielle. "Yo me sorprendí, porque por supuesto no es verdad. Me siento mal por haber puesto ahí esa imagen, porque es igualmente importante mostrar cada momento que te da dolores de cabeza en el camino. Los empleos glamorosos nunca son exactamente lo que parecen."

No existe algo como perfección sin esfuerzo. Nadie se despierta viéndose divina. Ninguna pareja "nunca pelea", nadie tiene un hijo que es un ángel, nadie aterrizó en la dirección general o en la punta del mástil sin derramar una gota de sudor o sin arrastrarse con uñas y garras por contratiempos en el camino. Los filtros de Instagram contribuyen a hacernos creer que cada foto perfecta es una instantánea de una vida igualmente perfecta, pero nosotras sabemos que no es así. Todo el mundo —y quiero decir *todo el mundo*— es imperfecto. Todo el mundo lucha. Todo el mundo se equivoca. Todo el mundo dice cosas estúpidas, o les grita a sus hijos o se olvida de mandar su declaración trimestral. Todo el mundo tiene pequeños secretos de los que se esconde avergonzado; sea que estemos en terapia, o que a veces comamos en exceso por estrés, o que a veces lloremos en el baño en el trabajo.

Ya sabemos la energía y el esfuerzo que toma mantener la ilusión de la perfección —y cuán vacía es esa lucha en última instancia. El paso valiente es dejar que los demás vean que somos humanas: luchamos, nos equivocamos, fracasamos. ¿Qué tal si pudiéramos por fin dejar caer nuestra fachada "perfecta" y permitiéramos que la gente viera el desastre tras bambalinas?

Primero, nos liberaría de la pesada armadura que venimos arrastrando. Esa cosa pesa una tonelada. Ser real es un alivio enorme.

Nos permitiría conectarnos con la gente en una forma auténtica, en lugar de una manera vacía y superficial. Si piensas en las relaciones que te han hecho sentir llena de energía, feliz e inspirada, son aquellas en las que no hay mentiras ni fingimientos. Nadie está *tratando* de ser o de verse de un modo particular. Nadie está buscando impresionar a nadie o ser distinto a los demás seres humanos, tan absurdos como somos todos.

Y mostrar el desastre tras bambalinas deja que todo el mundo a tu alrededor se relaje y haga lo mismo. Conozco a una mujer que organiza las más increíbles fiestas para recaudar fondos para causas políticas. Todo siempre se ve impecable, desde las flores y la comida hasta su cabello y maquillaje. Pero si la felicitas y te maravillas de cuán perfecto es todo, es rápida para reírse y decirte que el gato vomitó en la alfombra justo antes de que todos llegaran, o que su espectacular vestido es un préstamo de una casa de renta de vestidos de fiesta. Ella es completamente real y mantiene el sentido del humor a pesar del arduo trabajo que implica que todo se vea fabuloso. En mi mente, esa humildad, esa autenticidad —no la decoración impecable ni el exquisito menú o la costosa vajilla de porcelana— es lo que la convierte en la anfitriona perfecta.

No te avergüences de tus errores ni los escondas: ¡muéstralos con orgullo! Es valiente buscar algo que está fuera de tu zona de confort, y aún más valiente dejar que el mundo vea (y sienta compasión o se ría contigo) cuando te caes de bruces. Desde luego, comparte tus éxitos, pero también da a conocer los vergonzosos momentos "ups" o "¡mierda!" que te llevaron ahí. Recuerda la tradición de Carly y Danielle en theSkimm de pasar el sombrero "Fracasa en serio" en las reuniones semanales con su personal para que la gente se lo ponga y comparta su peor momento de la semana; pide prestada esa tradición y hazla tuya. Mi equipo y yo hemos comenzado a postear momentos #failurefriday (viernes de fracasos) en las redes sociales para empezar... únete a nosotros.

El punto es respirar hondo y dejar que la gente vea tu yo verdadero. Estás siendo valiente al permitirte ser vulnerable y, como la autenticidad inspira la autenticidad en los demás, estás construyendo el camino para que otras mujeres también lo sean.

Estrategia: apoya a la hermandad

Odio decir esto, pero la "bitch culture" nunca es más despiadada que cuando se da entre mujeres. Aun cuando se ha probado anecdóticamente y mediante investigaciones que ser mentoras unas de otras nos beneficia a todas, seguimos compitiendo como gladiadoras y despellejándonos entre nosotras, por lo general tras bambalinas, a través comentarios insidiosos, chismes, intrigas y manipulación. Es una muerte por mil heridas, ejecutada por medio de susurros en el tocador de mujeres, correos electrónicos pasivo-agresivos, cumplidos con doble intención, desaires gélidos y comentarios devastadores disfrazados de "crítica constructiva".

Recuerdo claramente cuando estrenaron *The Devil Wears Prada.* Casi todas las mujeres que conozco tenían una historia que contar acerca de su propia Miranda Priestly, que las había torturado de una forma u otra. A una amiga que tenía uno de esos empleos soñados como asistente en una agencia de talentos, su frustrada jefa le aventó (más de una vez) un teléfono celular a la cara. Otra que trabajaba en un pequeño negocio se quedó paralizada y sin habla cuando la gerente le gritó por un error —que esta última había cometido— para cubrir su propio trasero frente a un cliente importante. No sorprende que la mayoría de las mujeres manifieste que prefiere trabajar para hombres que para otras mujeres.

Existen muchas teorías de por qué nos socavamos y nos saboteamos unas a otras así. Algunas apuntan correctamente a los obstáculos muy reales para la equidad de género que siguen existiendo en el lugar de trabajo.[1] Vivimos en una cultura donde las mujeres deben trabajar el doble de duro para ganar la mitad del mismo respeto (y menos de tres cuartas partes del salario), así que tal vez intentamos competir entre nosotras porque cada centímetro de ventaja cuenta. Quizá se deba por el trasfondo de ese doble juego que enfrentamos de tener que ser asertivas y audaces para salir adelante, pero después nos denigran y critican por serlo. Algunos sostienen que las mujeres están biológicamente programadas para competir entre ellas, tal como lo hicimos en tiempos primitivos cuando obtener la atención del macho alfa —y la protección y los recursos que conllevaban— era imperativo para sobrevivir.

Pero por debajo de todas esas teorías existe una verdad unificadora: nos da miedo ser opacadas, superadas, vencidas o desplazadas por otra mujer, así que golpeamos primero. Tenemos miedo de que otros vean nuestras imperfecciones, así que nos aseguramos de poner un gran reflector en los defectos de las demás. Tenemos miedo de confiar y colaborar con otras mujeres, y nos aferramos al combate de cada-mujer-por-sí-misma. Al sentirnos vulnerables, atacamos, abusamos y saboteamos, haciendo justo esas cosas que más tememos que otras mujeres nos hagan.

¿Qué tal si miramos esto de una manera diferente? ¿Qué tal si vemos el apoyo a otras mujeres como una muestra de fortaleza y no de debilidad? ¿Qué tal si nos preocupamos menos de nuestras imperfecciones y nos enfocamos más en mejorar nuestras habilidades y en ayudar a otras mujeres a hacer lo mismo? ¿Qué tal si, en vez de sentirnos intimidadas ante una mujer asertiva y hablar mal de ella a sus espaldas, comentamos sobre cuánto la admiramos? ¿Qué tal si, en vez de preocuparnos de que no haya suficiente espacio en la cima para todas nosotras (por cierto, sí lo hay), nos esforzamos por ayudar a una colega o a una amiga a llegar ahí? ¿Qué tal si, en vez de sentirnos "menos" que otra mujer, nos recordamos a nosotras mismas que somos tan listas/talentosas/valiosas como ella, y le pedimos que colabore con nosotras?

La generosidad y la valentía están entrelazadas —especialmente cuando se trata de mujeres apoyando a otras mujeres. Como muchas de nosotras sabemos muy bien, el impulso de ser perfectas también puede llevarnos a querer ser "las mejores". Dar nuestro tiempo y energía para ayudar a otras mujeres es un acto valiente porque te lleva a hacer a un lado tu búsqueda por ser mejor que todo el mundo y a ayudar a hacer que la experiencia de otra mujer sea mejor.

Busca, en tu vida cotidiana, oportunidades para levantar, guiar, aplaudir, promover y apoyar a otras mujeres. Aquí tienes algunas ideas para comenzar:

- *Presuman entre sí.* Cada vez que una amiga o una colega haga algo sorprendente, échale porras y haz que lo sepa el mundo. Si tu asistente entra a la universidad, publica una nota en su muro de Facebook felicitándola. Cuando una compañera de trabajo obtenga un ascenso, envíale un correo electrónico a todos los que trabajan contigo e invítalos a un bar después de la oficina para celebrar. Si una mujer en tu industria gana un premio, envíale por Twitter una nota de felicitación. Este tipo de apoyo es contagioso y sin duda se esparcirá, esperamos, a lo largo y a lo ancho hasta que todas entendamos que estamos jugando juntas en el "Equipo Valiente".
- *Comparte tus actos de valentía.* La forma más rápida de inspirar a otras mujeres a ser valientes es con el ejemplo. Si pueden verlo en ti, podrán serlo ellas mismas. Así que comparte tus actos de valentía con tus amigas, familia y colegas y deja que sean *tus* porristas.
- *Sé una mentora de la valentía.* Si ves a una mujer luchando por decir lo que piensa o por ser asertiva, ve con ella y ofrécele tu ayuda. Si puedes ver que está nerviosa por tener que dar un discurso, pregúntale si le gustaría que revisaras sus notas o ayudaras a practicarlo. Si una amiga te dice que le encantaría tomar una clase de baile pero tiene miedo de hacer el ridículo, ofrécete a ir con ella y hagan el ridículo juntas. O si te dice que ha estado posponiendo hacer una cita importante con el doctor porque está asustada, haz

que te prometa que la hará *hoy mismo* y haz que cumpla su promesa.

- *Brinda una retroalimentación honesta.* Si una mujer te pregunta tu opinión, dile la verdad. No le digas una mentira piadosa para proteger sus sentimientos —eso las compromete a ambas y no ayuda a nadie. No necesitas ser dura para decir la verdad; sólo sé directa, tranquila, totalmente honesta y respetuosa.
- *Tómala en serio.* Si una mujer te hace una pregunta, o pide tu consejo o tu opinión, no la mandes a volar —nunca sabes cuán aterrador pudo haber sido para ella acercarse a ti. Sea que accedas o no a su solicitud, no la ignores; nadie de nosotras está demasiado ocupada ni es tan importante como para dar a otra mujer ese nivel de respeto.
- *Forma un club de la valentía.* Así como Alice Paul Tapper, la niña exploradora de diez años de edad que creó una insignia para animar a otras niñas en su país a alzar la mano en clase, reúne a mujeres que conozcas y lancen una iniciativa de valentía. Hagan un pacto de realizar un acto valiente cada día, y creen un grupo de chat para compartir a diario esos actos.
- *Ayúdalas a conectarse.* ¿Conoces a alguien que pueda ayudar con un proyecto en el que una colega está trabajando? Preséntalas. ¿Tienes una investigación que podría serle útil a una colega para mejorar su trabajo? Ofrécesela. Sé generosa con tus recursos y tu red de conexiones compartiendo no sólo lo que sabes, sino a quien conoces. La vieja red de chicos alienta a los hombres a ser excesivos con sus conexiones, y nosotras debemos hacerlo también.

10. *Cómo sobrevivir a un gran, estrepitoso fracaso*

Así que te derrumbaste. ¡Bienvenida al club de los grandes y estrepitosos fracasos! Es un club del que nadie espera ser miembro, pero al que inevitablemente se es invitada en algún momento. Todas experimentaremos una desilusión devastadora en un tiempo u otro, sea perder una elección o un trabajo, arruinar una entrevista o una presentación, no entrar a la escuela de tus sueños, o ver nuestra relación, negocio o grandes planes deshacerse como humo.

Cuando estás en medio de la desesperación, puede parecer que nunca te recuperarás. Pero igual que con ese fracaso amoroso de la secundaria, del que juraste nunca sobrevivirías, de alguna manera lo hiciste. Todo lo que estás haciendo ahora para fortalecer tu musculatura de valentía te ayudará a sacarte adelante y ver la luz del otro lado.

Esta guía paso a paso te será útil para encontrar tu camino cuando las cosas no salen exactamente como habías esperado o planeado.

Paso uno: haz una (breve) fiesta de compasión

A la mañana siguiente que perdí las elecciones para el Congreso me desperté sola en una habitación de hotel, todavía con el "vestido de la victoria" que había usado el día anterior, rodeada por los escombros de lo que se supone debía haber sido una fiesta de celebración.

Con la cabeza martilleándome y el corazón pesado como una piedra, de alguna manera logré ponerme en pie y regresar a mi departamento, donde de inmediato aventé mis ropas arrugadas al suelo, me puse una sudadera y me metí a la cama. Me quedé bajo las cobijas los siguientes tres días cuidando de mi ego lastimado, arrastrándome fuera de mi agujero sólo lo suficiente para comer algunas galletas saladas y una coca de dieta antes de volver a meterme a la cama, y de regreso a "mirar sin ver" la televisión. Me sentía una completa, absoluta mierda, y probablemente así me veía también.

Poco a poco me obligué a levantarme, apagué el televisor y me lavé el cabello. Después de una última ronda de lágrimas frescas y una buena taza de café cargado, comencé despacio a hacer las llamadas necesarias para agradecer a mis donantes y a quienes me habían apoyado —y ya conoces el resto de la historia a partir de ahí.

En retrospectiva, creo que esos tres días que pasé autocompadeciéndome fueron necesarios para recuperarme, al igual que todos los pasos que tomé a continuación. Así que te digo: anda y haz una fiesta de autocompasión. Permítete una cantidad finita de tiempo para tener un duelo por lo que perdiste (para grandes tropiezos, suelo usar tres días). Ponte tu ropa más cómoda, llama a tus amigas para llorar o gritar, date un maratón de *The Crown*, abre una botella de vino, cómete un litro de helado directo del envase —lo que sea que te consuele, hazlo.

Entonces, y sólo entonces, cuando estés bien y lista, levántate, tira los botes de helado vacíos y avanza al Paso dos.

Paso dos: celebra tu fracaso

En el mundo de la investigación científica, muy parecido a como sucede en Silicon Valley, el fracaso reiterado se da como un hecho. A veces, los estudios y ensayos dan resultado, ayudando o salvando millones de vidas e incluso generando más dinero; pero con mayor frecuencia, las cosas no son así.

Y, sin embargo, esos fracasos siguen celebrándose. ¿Por qué? Porque como dijo el director de Neurociencia de Merck: "Celebras el logro de obtener una respuesta". Aun si esa respuesta no es la que esperabas.

En 2013, el panorama era promisorio para el nuevo fármaco de Biogen para tratar la ELA (esclerosis lateral amiotrófica, también llamada enfermedad de Lou Gehrig).[1] Los primeros estudios eran alentadores —un raro rayo de esperanza para quienes sufren esta enfermedad debilitante—, así que la compañía lanzó un ensayo clínico para la etapa final. Pacientes y médicos en todo el mundo esperaban y rezaban que ése fuera el parteaguas que habían estado anhelando. Cuando este ensayo tan esperado falló, los devastados científicos estallaron en lágrimas.

Y después fueron por unos tragos.

Claro que yo no estuve ahí, pero puedo imaginarme a estos hombres y mujeres brillantes levantando sus copas con el corazón apesadumbrado, no sólo para lamentarse por su desilusión, sino también para honrar las victorias que habían tenido en el camino. Saludo a este equipo, porque sé muy bien la importancia vital de esta clase de cierre. Celebrar los pequeños logros —incluso de cara a grandes fracasos— es lo que nos permite seguir y aferrarnos a la esperanza de que a la larga nuestros esfuerzos culminarán en un éxito trascendental.

Si fracasaste, significa que lo intentaste. Si lo intentaste, significa que te arriesgaste. Celebra el hecho de que diste un paso al frente y te atreviste a perseguir tu meta. ¡Ése fue un gran acto de valentía, mujer! Tómate tu tiempo para honrarlo. Celebra que obtuviste un resultado, aun si no fue el que esperabas, porque quiere decir que llevaste algo hasta su final y ahora puedes hacer tu siguiente movimiento.

Paso tres: sacúdetelo de encima (literalmente)

En las semanas que siguieron a la filtración del memorándum del empleado de Google (ahora exempleado) James Damore, diciendo que las mujeres no eran biológicamente aptas para las carreras tecnológicas, un tornado de respuestas golpeó las ondas hertzianas y las noticias. Como tantas mujeres de mi industria, yo estaba furiosa, así que canalicé mi disgusto en una carta abierta a *The New York Times* que refutaba el memorándum, punto por punto. Los editores del periódico estaban súper entusiasmados con esta carta, al igual que yo, y planeaban publicarla el domingo 13 de agosto.

La tarde del sábado 12 de agosto, Estados Unidos observó horrorizado cómo un fanático defensor de la supremacía aria disparó a los manifestantes en un mitin en Charlotte, Virginia, matando a una mujer e hiriendo a docenas más. No necesito decir que las páginas dedicadas a las cartas abiertas y editoriales en un segundo (y apropiadamente) se enfocaron en las complejas relaciones interraciales en el país, y mi carta quedó fuera. Claro que lo entendí por completo —de hecho, me sentí asqueada por esos eventos, al igual que el resto del país. Sin embargo, también estaba decepcionada porque algo en lo que había trabajado tan arduamente y por lo que sentía tanta pasión nunca vería la luz.

Me senté en mi sillón sintiéndome mal durante una media hora (una fiesta de autocompasión bastante breve), y después me levanté y me puse los zapatos deportivos para salir a correr y sacudírmelo de encima.

Cuando digo "sacúdetelo de encima", quiero decir *literalmente* sacudirte la desilusión, vergüenza o remordimiento que cuelga de ti y evita que avances. Los estudios han revelado que la actividad física después de un golpe emocional resulta clave para promover la resiliencia,[2] así que muévete. Sal a correr o a dar una larga caminata, ve al gimnasio, haz yoga; mejor aún, hazlo con amigas (los fuertes vínculos sociales son otro reforzador comprobado de la resiliencia). Si el ejercicio no es lo tuyo, ve a hacer lo que sea que te saque el asunto de la mente y te centres en cuidarte a ti misma. Haz u hornea algo. Lee un libro inspirador. Medita. Pasa una tarde en el parque con tus hijos. Ve a un museo, a ver una película, a escuchar un concierto.

¿Hacer todas estas cosas hará que todo vuelva de repente a verse color de rosa? No, claro que no. Pero te sacará del marasmo en el que estás. Rellenará tu tanque de combustible y te dará la energía y la fortaleza para avanzar al Paso cuatro.

Paso cuatro: revisa, reevalúa, realinea

Es hora de seguir. Aquí es donde imitas a Beyoncé y conviertes el proverbial limón en limonada.

Primero, revisa. La clave de este paso es contar o escribir tu versión de lo que ocurrió sin adornarlo demasiado. Incluye sólo los hechos objetivos, sin culpa ni interpretación —como si fueras una periodista haciendo un reporte en los términos más objetivos. Pregúntate:

- ¿Qué pasó?
- ¿Dónde, cuándo y cómo pasó?
- ¿Quién estuvo involucrado?
- ¿Cuáles son las consecuencias (reales)?
- ¿Qué debe ser cambiado, reparado y puesto de nuevo en su carril?

Segundo, reevalúa. Esto requiere de lo que los psicólogos llaman "flexibilidad cognitiva", que es una forma elegante de decir que se tiene la habilidad de ver la situación a través de una lente distinta. La psicoterapeuta Esther Perel se refiere a ella como "reformular tu narrativa". Es fácil quedarse fija en una sola narrativa, reproduciéndola una y otra vez en tu mente. Pero cuando te quedas atorada en una sola versión en blanco y negro de los eventos —especialmente si está distorsionada por la culpa o la inseguridad— limitas tu habilidad para ver los matices de gris que te rodean. Ahí es cuando necesitamos reformularla dando un paso atrás y planteando algunas preguntas más amplias:

- Sabes lo que salió mal. Pero ¿qué salió bien?
- No lograste lo que te propusiste. ¿Qué aprendiste u obtuviste en su lugar?
- Te has fustigado a ti misma lo suficiente para este momento, seguro; ahora es hora de mostrar compasión y desengancharte, como lo harías con una amiga. ¿Qué acciones y esfuerzos valiosos aplicaste que deben ser reconocidos? ¿Qué te enorgullece haber hecho? La clave para perdonarte es enfocarte en lo que hiciste bien y recordar que *nadie* —ni siquiera tú— es perfecto.
- Te aplastaron, te fastidiaron, te rechazaron; éste es el juego de la culpa que te resta poder. Cambia la culpa

a responsabilidad y pregunta: ¿Qué podrías haber hecho en forma diferente, y qué harás de manera distinta la próxima vez?

- Los muros se derrumbaron, pero ¿qué queda en pie? ¿Qué puedes salvar?
- No obtuviste lo que querías. ¿Hay alguna ventaja en que no haya funcionado?
- Éste es el final de un capítulo, no de toda la historia. ¿Cómo podrían ser los siguientes capítulos?

Por último, realinea. Hay tres factores que han demostrado ayudar a recuperarnos de los tropiezos: tener un objetivo, gratitud y altruismo. Realineamos nuestro objetivo recordando *por qué* tomamos ese riesgo en primer lugar. Cuando perdí mi elección, regresé a lo que me impulsó a postularme, que era el deseo profundo de servir a los demás y hacer cambios en mi entorno. Entonces redireccioné mis esfuerzos en otro sentido, que me permitieron servir, sólo que en una forma muy distinta. En una inspiradora plática TED, la exitosa autora Elizabeth Gilbert comparte cómo se recuperó después del fracaso de su segundo libro: "Siempre estaré a salvo de los huracanes de los resultados mientras recuerde en dónde vivo por derecho".[3] Su amor por escribir es su "hogar". ¿Cuál es el tuyo?

La gratitud es una forma poderosa y comprobada de cambiar tu ánimo y tu energía, porque no es posible sentirse devastada y agradecida al mismo tiempo.[4] Después del doloroso y público fracaso de su película *Amada hija*, Oprah Winfrey cayó en depresión. Pero cuando a la larga salió de ella, a lo que se aferró fue a la gratitud. "En ese momento, practicar el agradecimiento resultó muy poderoso, porque es difícil seguir triste cuando te enfocas en lo que tienes, en lugar de en lo que no tienes."[5]

La mejor forma de practicar el agradecimiento es hacer una lista diaria. Yo comencé a hacerla cada mañana desde hace un año, y puedo decirte que me ha ayudado a enfrentar mi vida cotidiana. Cada mañana o noche, escribe tres cosas por las que estás más agradecida, quiero decir, *realmente* agradecida. Es fácil sólo escribir: "mi salud, mi familia, mi trabajo", y si ésas son tus tres cosas principales, fantástico. Pero es todavía mejor cavar un poco más hondo hacia lo específico. ¿Qué es lo que agradeces respecto a tu familia? (Por ejemplo, cómo te hacen reír, su apoyo, llegar con ellos cada noche...). ¿Qué aspecto de tu empleo aprecias? (La satisfacción del trabajo, tus compañeros, los refrigerios en la sala de descanso...) ¿Qué experiencia tuvo un efecto positivo en ti? (Un libro que te encantó, una conversación, una comida que disfrutaste, un viaje que hiciste...) ¿Qué elementos de tu salud valoras más? (No estar enferma o lesionada, ser físicamente capaz de hacer las cosas que amas, sentirte llena de energía...) ¿Qué circunstancias consideras que tienen un significado personal para ti? (El amor incondicional de tu pareja, el apoyo de tus amigas, tu cómodo hogar...)

A menudo pongo los errores y tropiezos de mi vida en esa lista también, porque aunque no me sienta particularmente agradecida por ellos en ese momento, he aprendido que cada uno de ellos termina moldeando lo que soy y en lo que me he convertido. Tomé este consejo de Ralph Waldo Emerson, quien una vez dijo: "Cultiva el hábito de agradecer cada cosa buena que llega a tu vida, y de dar gracias continuamente. Y como todas han contribuido a tu avance, debes incluir todas las cosas en tu agradecimiento".

Por último, el altruismo es un boleto garantizado para salir de la negatividad.[6] No tienes que donar una tonelada de dinero o entrar de voluntaria en un comedor para indigentes para activar el flujo positivo del altruismo; hay muchos estudios que revelan que *cualquier* forma de dar y de ser bondadosa con los demás tiene un gran efecto en tu salud, tu longevidad, tu felicidad y en tu bienestar general. Como ya has invertido tus esfuerzos en empoderar al Equipo Valiente, ¿qué tal si los apuntas en dirección a una mujer? ¡Bien puedes promover la hermandad mientras recuperas el rumbo! Ofrece tu ayuda a una colega que está trabajando en un gran proyecto. Acércate a una nueva mamá en la escuela de tus hijos e invítala a tomar un café. Envía una nota personal de agradecimiento a una amiga que te apoyó o te inspiró de alguna manera. Visita a la mujer mayor que vive sola al lado de tu casa. Como la gratitud, la generosidad erradica cualquier sentimiento de amargura, vergüenza o decepción que aún persista, y te levanta, trayendo al mismo tiempo luz y alegría a alguien más —así que, en serio, es un asunto de ganar-ganar para todos.[7] Cuando nos realineamos con nuestra generosidad de espíritu, lo hacemos con nuestro sentido de voluntad y valentía y retomamos el rumbo hacia lo queremos hacer o lograr.

Paso cinco: Inténtalo otra vez

Vas a flaquear. Vas a arruinar las cosas. Tendrás tropiezos, fiascos y fracasos. Y sin embargo...

- Cada vez que te equivocas, aprendes qué no debes hacer.
- Cada vez que flaqueas, pruebas que puedes enderezarte.
- Cada vez que fallas, lo intentas otra vez.

En última instancia, tus fracasos te dan una ventaja. Te hacen más fuerte, más sabia, más empática, más valiosa, más real. Y cuando dejas de exigirte perfección, se convierten en tus propias medallas de honor de valentía personal. Lúcelas con orgullo, y después vuelve allá afuera y hazlo todo de nuevo.

Yo quiero que cada una de nosotras que hemos vivido a merced de nuestro entrenamiento de niña perfecta, sepa que nada la vencerá. ¿Que si cometerás errores, e incluso fracasarás? Absolutamente. ¿Que si eso te derrotará? De ninguna manera, hermana. Ningún error o tropiezo te vencerá cuando te conviertas en un miembro incondicional del Equipo Valiente. Cada tropiezo es sólo otra oportunidad de fortalecer aún más esa fuerte musculatura de valentía que has estado construyendo al regresar y volver a intentarlo.

Estamos todas en esto juntas, y creo con cada fibra de mi ser que al practicar la valentía cada vez que podamos, crearemos un gran movimiento de mujeres fuertes, felices, realizadas y formidables que puede y cambiará al mundo.

Así que dale un beso de despedida a la niña perfecta y sé valiente. Es tu poder, que está ahí para que lo reclames.

Agradecimientos

Este libro es el resultado del inmenso apoyo que recibo de mi hermandad, la cual me inspira todos los días. Comenzó con las niñas en Girls Who Code que motivaron mi plática TED y continuó con las muchas mujeres que valientemente compartieron sus miedos y sueños más profundos conmigo.

Quiero agradecer a mi compañera de escritura, Debra Goldstein. Una de las mejores partes de escribir este libro fue emprender este viaje contigo. Como escritora, es un deleite encontrar a alguien con quien puedes colaborar —alguien que te empuja a profundizar. Yo encontré eso en Debra. Gracias por alentarme a encontrar mi verdad.

Gracias, Richard Pine, mi increíble agente. Me alentaste a escribir este libro y creíste en este movimiento desde el momento en que fuiste a mi plática TED. Gracias a Eliza Rothstein y al fabuloso equipo en Inkwell. ¡Estoy feliz de poder considerarlos mi familia!

Gracias a Tina Constable y al increíble equipo de Crown. A Candice, de mi equipo editorial, que hizo de *Valiente e imperfecta* un elemento permanente de su vida con su tatuaje BNP (siglas de *Brave, Not Perfect*); gracias por vivir esta filosofía todos los días. A mi editora Talia Krohn, tu brillante edición y sabios consejos hicieron que este libro cobrara vida.

Gracias a Charlotte Stone por tomar este libro y ayudarme a crear un movimiento valiente. Has puesto tu corazón y tu alma en elevar el liderazgo de las mujeres y las niñas desde que te graduaste de la universidad, y estoy agradecida de que hayas hecho este viaje conmigo.

Gracias a Priya Fielding-Singh por tu investigación y brillante mente analítica. Estoy tan agradecida por el tiempo y el cuidado que dedicaste a este libro. Gracias, Sara Beckoff por tu contribución y tu apoyo a este libro.

Gracias a todos los brillantes pensadores, autores y agentes de cambio que contribuyeron con su valiosa perspicacia e historias a este libro: doctora Catherine Steiner-Adair, Rachel Simmons, doctor Andrew Shatte, doctora Meredith Grossman, Adam Grant, Rha Goddess, Veronica Roth, Tiffany Dufu, Esther Perel, Bridget Moynahan, Danielle Weisberg y Carly Zakin.

Gracias a Debbie Hanney y a Brad Brockmueller por contribuir con su invaluable punto de vista como educadores al libro.

Gracias a todas las niñas y mujeres que participaron en nuestros grupos focales de valientes e imperfectas, y compartieron sus historias con nosotros. Escribir este libro me enseñó lo obvio: que una mezcla de vino, sushi y pizza pueden inspirar un intercambio honesto y muchas risas.

Gracias a mi familia y amigos en Girls Who Code: Deborah Singer, Ben Yarrow, Trina Dasgupta, Rha Goddess, Tania Zaparaniuk, Ashley Gramby y Emily Schienvar.

A los aliados masculinos en mi vida: mi esposo Nihal, mi hijo Shaan, y a mi papá, gracias por inspirarme a mostrar siempre mi lado más valiente. Y a mi hermana Keshma, mi sobrina Maya y mi mamá, gracias por enseñarme tantas lecciones de vida.

Notas

CAPÍTULO I. AZÚCAR, ESPECIAS Y TODO LO LINDO

[1] Sharon Begley, "Why Parents May Cause Gender Differences in Kids", *Newsweek*, 2 de septiembre de 2009, http://www.newsweek.com/why-parents-may-cause-gender-differences-kids-79501

[2] Claire Gorden, "Why Women Are Afraid of Failure", *Elle*, 6 de junio de 2016, https://www.elle.com/life-love/a36828/why-women-are-afraid-of-failure/

[3] Eddie Wrenn, "The Great Gender Debate: Men Will Dominate 75% of the Conversation during Conference Meetings, Study Suggests", Daily Mail.com, 12 de septiembre de 2012, http://www.dailymail.co.uk/scien-cetech/article-2205502/The-great-gender-debate-Men-dominate-75-conversation-conference-meetings-study-suggests.html

[4] Michelle C. Haynes y Madeline E. Heilman, "It Had to Be You (Not Me)! Women's Attributional Rationalization of Their Contribution to Success-ful Joint Work Outcomes", *Personality and Psychology Bulletin*, 7 de mayo de 2013, http://journals.sagepub.com/doi/full/10.1177/014616721 3486358

CAPÍTULO 2. EL CULTO A LA PERFECCIÓN

[1] Elizabeth Sweet, "Toys Are More Divided by Gender Now than They Were 50 Years Ago", *The Atlantic*, 9 de diciembre de 2014, https://www.theatlantic.com/business/archive/2014/12/toys-are-more-divided-by-gender-now-than-they-were-50-years-ago/383556/

[2] Sarah M. Coyne, et al., "Pretty as a Princess: Longitudinal Effects of Engagement with Disney Princesses on Gender Stereotypes, Body Es-teem, and Prosocial Behavior in Children", *Child Development*, 18 de ju-nio de 2016, https://onlinelibrary.wiley.com/doi/abs/10.1111/cdev.12569

[3] Donna Ferguson, "Must Monsters Always Be Male? Huge Gender Bias Revealed in Children's Books", *The Guardian*, 20 de enero de 2018, https://

www.theguardian.com/books/2018/jan/21/childrens-books-sexism-monster-in-your-kids-book-is-male

CAPÍTULO 3. PERFECCIÓN 3.0:
CUANDO LA NIÑA PERFECTA CRECE

[1] Martha de Lacey, "Women spend ALMOST A YEAR counting calories and worrying about their weight during lifetime … but men aren't far behind!", *Daily Mail*, 26 de junio de 2013, http://www.dailymail.co.uk/femail/article-2348972/Women-spend-year-counting-calories-worrying-weight-lifetime-men-arent-far-behind.html

[2] UNC School of Medicine, "Statistics", consultado el 31 de mayo de 2018, https://www.med.unc.edu/psych/eatingdisorders/Learn%20More/about-eating-disorders/statistics

[3] Ross Douthat, "Liberated and Unhappy", *The New York Times*, 25 de mayo de 2009, https://www.nytimes.com/2009/05/26/opinion/26douthat.html

[4] Kelly Sakai, "Work Is Not to Blame for Women's Lack of Free Time; Time-pressure Is Often Self-imposed, According to Real Simple/Families and Work Institute Survey", 11 de enero de 2014, http://www.familiesandwork.org/the-results-of-a-new-groundbreaking-national-survey-women-and-time-setting-a-new-agenda-commissioned-by-real-simple-and-designed-by-families-and-work-institute-released/

[5] Melissa Dahl, "The Alarming New Research on Perfectionism", *The Cut*, 30 de septiembre de 2014, https://www.thecut.com/2014/09/alarming-new-research-on-perfectionism.html

[6] McKinsey & Company, "Women in the Workplace", septiembre de 2015, https://www.mckinsey.com/business-functions/organization/our-insights/women-in-the-workplace

[7] Jennifer Lawrence, "Jennifer Lawrence: 'Why Do I Make Less than My Male Co-Stars?'", 13 de octubre de 2015, https://www.lennyletter.com/story/jennifer-lawrence-why-do-i-make-less-than-my-male-costars

CAPÍTULO 4. REDEFINIR LA VALENTÍA

[1] PWC, "Women Outperform Men in Seed Crowdfunding, According to Analysis by PwC and The Crowdfunding Centre", 11 de julio de 2017,

https://press.pwc.com/News-releases/women-outperform-men-in-seed-crowdfunding-according-to-analysis-by-pwc-and-the-crowdfunding-centre/s/ad6ee60a-c3be-478b-9e51-9a7ac4692cd3

CAPÍTULO 6. CREA UNA MENTALIDAD VALIENTE

[1] Rand Corporation, Lack of Sleep Costing U.S. Economy Up to $411 Billion a Year", 30 de noviembre de 2016, https://www.rand.org/news/press/2016/11/30.html
[2] *Ibid.*
[3] Carol Dweck, "The Power of Believing That You Can Improve", plática TED, noviembre de 2014, https://www.ted.com/talks/carol_dweck_the_power_of_believing_that_you_can_improve
[4] Alice Paul Tapper, "I'm 10, and I Want Girls to Raise Their Hands", *The New York Times*, 31 de octubre de 2017, https://www.nytimes.com/2017/10/31/opinion/im-10-and-i-want-girls-to-raise-their-hands.html?_r=0

CAPÍTULO 7. ATRAPADA EN EL INTENTO

[1] Dayna Evans, "Cecile Richards: If You're Not Pissing People Off, You're Probably Not Doing Your Job", *The Cut*, 19 de julio de 2017, https://www.thecut.com/2017/07/cecile-richards-planned-parenthood-interview-92y.html
[2] Eleanor A. Maguire, Katherine Woollett y Hugo J. Spiers, "London Taxi Drivers and Bus Drivers: A Structural MRI and Neuropsychological Analysis", *Hippocampus*, 5 de octubre de 2006, https://www.psychologytoday.com/files/u81/Maguire__Woollett__and_Spiers__2006_.pdf
[3] David Marchese, *et al.*, "Why You Suck at Stuff and How to Get Better", *The Cut*, 17 de noviembre de 2016, http://nymag.com/scienceofus/2016/11/why-you-suck-at-stuff-and-how-to-get-better.html

CAPÍTULO 8. RECHAZA LA NECESIDAD DE COMPLACER

[1] Michelle Lee, "Why Helen Mirren Wishes She'd Said 'Fuck Off' More as a Young Woman", *Allure*, 14 de agosto de 2017, https://www.allure.com/story/helen-mirren-cover-story-september-2017

² Daniel Ames y Abbie Wazlewek, "Pushing in the Dark: Causes and Consequences of Limited Self-Awareness for Interpersonal Assertiveness", *Personality and Social Psychology Bulletin*, 28 de febrero de 2014, http://www.columbia.edu/~da358/publications/Pushing_in_the_dark.pdf

³ Susan Chira, "The Universal Phenomenon of Men Interrupting Women", *The New York Times*, 14 de junio de 2017, https://www.nytimes.com/2017/06/14/business/women-sexism-work-huffington-kamala-harris.html?_r=0

⁴ Jennifer McDermott, "Chelsea Manning: 'I Believe I Did the Best I Could'", *Daily Herald*, 17 de septiembre de 2017, http://www.dailyherald.com/article/20170917/news/309179906

⁵ Christopher Rosa, "Taylor Swift's 10 Most Powerful Statements from Her Sexual Assault Trial Cross-Examination", *Glamour*, 10 de agosto de 2017, https://www.glamour.com/story/taylor-swift-sexual-assault-trial-cross-examination?mbid=social_facebook_fanpage

Capítulo 9. Juega en el Equipo Valiente

¹ Olga Kahzan, "Why Do Women Bully Each Other at Work?", *The Atlantic*, septiembre de 2017, https://www.theatlantic.com/magazine/archive/2017/09/the-queen-bee-in-the-corner-office/534213/

Capítulo 10. Cómo sobrevivir a un gran, estrepitoso fracaso

¹ Damian Garde, "How to Fail Well in Biotech: Shed a Tear, Grab a Trophy, and Move On", *STAT*, 17 de agosto de 2016, https://www.statnews.com/2016/08/17/biotech-drug-development-failure/

² Brian Iacoviello y Dennis Charney, "Psychosocial Facets of Resilience: Implications for Preventing Posttrauma Psychopathology, Treating Trauma Survivors, and Enhancing Community Resilience", *European Journal of Psychotraumatology*, 1 de octubre de 2014, https://www.ncbi.nlm.nih.gov/pmc/articles/PMC4185137/

³ Elizabeth Gilbert, "Success, Failure, and the Drive to Keep Creating", plática TED, marzo de 2014, https://www.ted.com/talks/elizabeth_gilbert_success_failure_and_the_drive_to_keep_creating#t-415147

⁴ Vieselmeyer, J., Holguin, J., y Mezulis, A., "The role of resilience and gratitude in posttraumatic stress and growth following a campus shoo-

ting", 9 de enero de 2017, https://www.ncbi.nlm.nih.gov/pubmed/27548
470

5   Jonathan Van Meter, "Oprah is on a Roll (Again)", *Vogue*, 15 de agosto de
2017, https://www.vogue.com/article/oprah-winfrey-vogue-september-
issue-2017

6   Stephen G. Post, "Altruism, Happiness, and Health: It's Good to Be
Good", *International Journal of Behavioral Medicine*, 2005, https://grea-
tergood.berkeley.edu/images/uploads/Post-AltruismHappinessHealth.
pdf

7   Alex Dixon, "Kindness Makes You Happy... and Happiness Makes You
Kind", *Greater Good Magazine*, 6 de septiembre de 2011, https://greater-
good.berkeley.edu/article/item/kindness_makes_you_happy_and_
happiness_makes_you_kind

Índice analítico

Preguntas para discusión

1. ¿Qué parte de *Valientes e imperfectas* te resonó más? ¿Te reconociste a ti misma en alguna de las historias?

2. ¿Alguna vez sientes que estás presionándote demasiado para ser perfecta? ¿Para ganar estrellitas doradas en el trabajo? ¿Para "hacerlo todo" como mamá? ¿Para ser agradable y cortés todo el tiempo? ¿Piensas que esta presión te está frenando en cualquier aspecto de tu vida?

3. ¿Alguna vez sientes que estás viviendo la vida que otros esperan de ti, en vez de la que tú realmente quieres? Si pudieras cambiar cualquier cosa sin preocuparte por "decepcionar a alguien", ¿qué sería?

4. En el capítulo inicial, Reshma habla de cómo cuando se postuló para el Congreso fue la primera vez que hizo algo en lo que no estaba segura de tener éxito. ¿Alguna vez te has alejado de retos u oportunidades porque tuviste miedo de fracasar, que hicieras el ridículo y que eso te sacara de tu zona de confort?

5. ¿Alguna vez te preocupa parecer demasiado agresiva, o "no ser querida" en el trabajo? ¿Piensas que los hombres en tu posición se sienten igual? ¿Cómo puedes saberlo?

6. Reshma escribe acerca de cómo "hoy, las redes sociales alimentan la expectativa de la perfección tal vez más que cualquier otra influencia externa". ¿Te sientes inadecuada cuando miras las fotos de la familia "perfecta" de la gente, o sus

vacaciones "perfectas" o sus vidas "perfectas" en las redes sociales? ¿Te niegas a publicar algo que no esté bien pulido, por temor a lo que los demás puedan pensar? Si tienes una hija, ¿está ella experimentando las redes sociales en la misma forma?

7. En el libro, Reshma habla acerca de cómo tendemos, como mujeres, a tratar a nuestra apariencia como si fuera nuestra armadura. ¿Alguna vez piensas que si te ves arreglada y sin defectos —delgada, la cara bien maquillada, ni un cabello fuera de su lugar— la gente no te juzgará? ¿Que de alguna manera estarás "a salvo"?

8. Uno de los mitos desmentidos en el libro es esta idea de que "perfección es lo mismo que excelencia". Aun cuando sabemos que podemos ser excelentes sin ser perfectas, a menudo es difícil encontrar la línea divisoria. ¿En dónde está esa línea para ti?

9. Si eres madre de niños y niñas, ¿notas alguna forma en que inadvertidamente estés tratándolos diferente cuando se trata de perfección y valentía?

10. Si tienes niñas, ¿cuáles son algunas de las formas en que podrías ejemplificarles la valentía? ¿Cómo puedes enseñarles que está bien fracasar?

11. Cuenta cuántas veces te disculpas en un día. ¿Puedes intentar pasar todo un día sin disculparte ni una sola vez, y ver cómo se siente?

12. ¿Alguna vez te has atorado en un ciclo de rumiar, preocuparte por haber ofendido a alguien, o haber dicho las cosas equivocadas? ¿Qué sería lo peor que podría suceder si lo hicieras?

13. En el capítulo seis, Reshma habla de la idea de encontrar tu "precipicio", eso que más te asusta. ¿Cuál es tu "precipicio"? ¿Y cómo mejoraría tu vida si te enfrentaras a ese miedo?

14. La segunda parte del libro está llena de historias de mujeres valientes de todas las edades que están cambiando al mundo, con un acto valiente a la vez. Todas necesitamos más modelos de valentía (realistas) como éstos. ¿Quién es tu modelo?

15. En el capítulo siete, Reshma explica cómo el ser "atrapadas en el intento" nos ayuda a construir resiliencia al fracaso. ¿Qué puedes intentar —y quizá fracasar— hoy?

16. Al final del libro, Reshma habla acerca de la importancia de la hermandad de mujeres, o lo que ella llama "jugar en el Equipo Valiente". ¿Qué puedes hacer mañana para apoyar la valentía de otra mujer?

17. ¿De qué otra forma podrías usar las percepciones y herramientas de este libro para saltar a tu vida valiente e imperfecta?

Esta obra se imprimió y encuadernó
en el mes de marzo de 2019,
en los talleres de Impregráfica Digital, S.A. de C.V.,
Av. Coyoacán 100-D, Col. Del Valle Norte,
C.P. 03103, Benito Juárez, Ciudad de México.